C. Chr. Fr Gilow

Die Rotz- und Wurmkrankheit der Pferde

C. Chr. Fr Gilow

Die Rotz- und Wurmkrankheit der Pferde

ISBN/EAN: 9783743315891

Hergestellt in Europa, USA, Kanada, Australien, Japan

Cover: Foto ©Lupo / pixelio.de

Manufactured and distributed by brebook publishing software
(www.brebook.com)

C. Chr. Fr Gilow

Die Rotz- und Wurmkrankheit der Pferde

Die

Rotz- und Wurmkrankheit der Pferde.

Herausgegeben

von

C. Chr. Fr. Gilow,

Thierarzt zu Anklam.

Greifswald.

Julius Bindewald
Akademische Buchhandlung

1876.

Kann-nicht kommt nicht oben,
Mag-nicht liegen bleibt,
Muss-es wird geschoben,
Will-es thätig treibt.

Vorwort.

Die lebhafte Theilnahme für einen Gegenstand nebst dem ·jahrelangen unaufhörlichen Ringen nach einem versteckten Ziele wird sich nicht abhalten lassen, die noch im Wege stehenden Hindernisse zu beseitigen, um den zurechtweisenden Zeichen besser folgen zu können. Das Selbstgesehene oder das Selbstgefundene mag nichts weiter als das längst Bekannte und Alte sein, es wird aber um so leichter vorstellbar und um so wichtiger werden, sobald es mit den Beobachtungen, Betrachtungen oder theoretischen Ansichten Anderer, sobald das alte Brauchbare mit den neuen Entdeckungen verglichen und das Einzelne mit dem Ganzen in Einklang gebracht werden kann.

Das vielgestaltige, immer bewegliche Leben sowohl im gesunden als kranken Zustande erfassen zu wollen, erfordert genaue Ueberlegung und bleibt eine bedenkliche Sache, da die eigenen ganz vernünftigen Folgerungen mit dem selbständigen Gang der Natur nicht immer ganz übereinstimmen. Ich habe das gethan, was ich vermochte, wollte gewissermassen eine schuldige Berufspflicht erfüllen, die den älteren Collegen zur Erinnerung, den jüngeren zur Belehrung dienen soll.

Mag nun auch die nachfolgende Abhandlung, abweichender Ansichten wegen, nicht von Allen beifällig aufgenommen werden, so erwarte ich doch ruhig die Beurtheilung derjenigen, die ihrer Sache gewiss sind, ein richtiges Verständniss haben und mitsprechen können.

Einleitung.

Die Rotz- und Wurmkrankheit, besonders die Form, die unter dem Namen Nasenrotz bekannt, hat wegen ihrer auffallenden Erscheinungen und ihres übelen Ausganges bei Pferden, Eseln und Maulthieren schon im hohen Alter die Aufmerksamkeit der Beobachter erregt. Viele Jahrhunderte und selbst Jahrtausende sind seit der ersten Wahrnehmung dieser Krankheit vergangen. Die Krankheit an sich mit ihrem Contagium, das zwar von Einigen abgeleugnet wurde, ist dieselbe geblieben, die sich von Zeit zu Zeit durch ein erneuetes, wiederholtes Auftreten mit ihren nachtheiligen Folgen kund giebt. Ihre verschiedenen Formen und Zwischenstufen, ihr Wechsel in den Erscheinungen, ihr offenkundiges und dann wieder verstecktes Vorkommen haben eine mindere oder grössere Verwirrung über den Sitz und die Natur derselben hervorgebracht.

Die Wichtigkeit und Gefährlichkeit dieser Krankheit wurde von Vielen früh genug eingesehen; diese ist vielfach beschrieben und ihre Literatur eine sehr beträchtliche, von Thierärzten, einigen Menschenärzten und anderen Schriftstellern sehr bereichert. Mögen auch noch mitunter scheinbare und wirkliche Widersprüche auftauchen, durch den Austausch der uneinigsten Meinungen und verschiedensten Ansichten sind diese doch näher gerückt und haben die Erkenntniss gebracht: dass, so abweichend auch die Krankheit erscheinen möge, sie in ihrer Grundlage dieselbe bleibt und eine gemeinsame Triebkraft durch den Ansteckungsstoff erhalten hat.

Sonst sah man einzelne hervorragende krankhafte Veränderungen und Merkmale für die Krankheit selbst an, daher die
verschiedenen Namen oder Benennungen.

Rotz heisst eigentlich der ausfliessende oder ausgeschnaubte
Nasenschleim, besonders eine Krankheit der Pferde, bei der
ein andauernder Nasenausfluss stattfindet, der meist einseitig ist,
mit Geschwüren auf der Nasenschleimhaut und mit bleibender
Drüsenanschwellung begleitet wird. Doch bezeichnet man auch
mit diesem Namen die Rotz- und Wurmkrankheit im Allgemeinen,
wobei ein Nasenausfluss vorhanden ist, der aber auch nicht
selten fehlt.

Rotzdyskrasie, die ungleiche Mischung der Bestandtheile des
Blutes, oder die Verdorbenheit der Säfte rotz- und wurmkranker
Pferde.

Chronischer oder langsam verlaufender Rotz ist die gewöhn-
lichste und häufigste Form der Rotz- und Wurmkrankheit.

Acuter oder schnell verlaufender Rotz ist mit anderen Krank-
heitszuständen verbunden und wird auch noch als septischer,
scorbutischer oder diphtheritischer Rotz unterschieden.

Scrophulöser Rotz, die chronische Form mit Lymphdrüsenanschwellungen.

Carcinomatöser Rotz, Krebsrotz, wenn eine markschwamm-
ähnliche leicht blutende Masse in der Nasenschleimhaut oder in
der Lunge gefunden wird.

Blennorrhöischer Rotz, bei dem ein andauernder Nasenausfluss ohne Nasengeschwüre bemerkt wird.

Nasenrotz, bei dem die Nasenschleimhaut krankhaft ergriffen.

Lungenrotz wird die Krankheit genannt, bei der Miliartuberkel oder Knoten in der Lunge, aber in den Nasenhöhlen keine
Geschwüre vorhanden sind.

Gehirnrotz, Hauptsüchtig, Hauptmörtig, wenn Eiter oder
eine tuberkulöse Materie im Gehirn vorgefunden wird, oder es
glaubten die Alten: der Rotz entstehe aus dem Gehirn aus einem
Ueberfluss an Feuchtigkeit, oder sie sahen die Stirnhöhlen für
die Behälter des Gehirns an.

Rückenrotz, wenn im Rückenmark eine Wasseransammlung vorkommt.

Herpetischer Rotz, Flechten oder grindiger Hautausschlag rotziger Pferde.

Hautrotz, Hautwurm, Wurm, Wurmkrankheit.

Beschälrotz, Geschlechtstheilrotz, Geschwüre an den Geschlechtstheilen rotziger Pferde.

Knochenrotz, Knochenauftreibung rotziger Pferde.

Pleurarotz, rotzige Brustfellentzündung.

Nierenrotz, wenn die Nieren erkrankt.

Leberrotz, wenn in der Leber Tuberkel.

Milzrotz, wenn die Milz aufgetrieben und tuberculös ist.

Steinrotz, Steinkropf, bösartige Druse, verdächtige Druse, wenn eine verhärtete Drüse zwischen den Ganaschen, ein meist einseitiger und andauernder Nasenausfluss, aber noch keine Nasengeschwüre wahrgenommen werden; in den Lungen sind aber gewöhnlich Miliartuberkel.

Weisser Rotz, wenn noch ein weisser und geruchloser, statt ein gelblicher mit Blut vermischter, übelriechender Nasenausfluss wahrgenommen wird.

Trockener Rotz, bei dem kein Nasenausfluss vorhanden ist.

Larvirter Rotz, wenn die Merkmale der Krankheit zurückgetreten und nicht wahrgenommen werden.

Rotzverdächtig wird ein Pferd genannt, das mit rotzkranken Pferden in Berührung gewesen ist; oder es ist ein Pferd rotzverdächtig, dessen Symptome mit denjenigen der Rotzkrankheit Aehnlichkeit haben, wobei man bei der Beurtheilung in Zweifel bleibt, zu welcher bestimmten Krankheit die Symptome gehören.

Rots (schwed.), Pferderotz, Rotzkrankheit.

Profluvium atticum (lat.), attischer Ausfluss, Rotzkrankheit.

Morve (franz.), Rotz, Rotzkrankheit; M. aiguë, acuter; M. chronique, chronischer; M. phthisie, schwindsüchtiger; M. tuberculeuse, tuberculöser Rotz.

Morva, Moccio, Ciamora, Cimorro (ital.), Ciamorro (span.), Rotzkrankheit.

Phthisis (gr.), Schwindsucht, Auszehrung; P. nasalis, Nasenschwindsucht; P. serosa, seröse Schwindsucht.

Rhinorrhoë, Nasenausfluss.

Pyorhinorrhoea, Eiternasenfluss.

Pinerinrea, Fettnasenfluss.

Blennorrhoea oder chronischer Schleimfluss der Nasenschleimhaut, verbunden mit einer Affection der Lymphdrüsen im Kehlgange.

Schnäw, Schnööw, Snöwe (niederd.) 1) der Geruch; 2) der Schnupfen; 3) der Rotz der Pferde; — schnäwsch — schnööwsch — snöwsch, schnupfig, rotzig; — schnawen — schnoawen, geschnoben, von schnuwen, schnauben.

Snive, Snivesygdommens (dän.), Rotzkrankheit; — sniwe, schnaufen, schnarchen.

Druse, 1) (niederd.) Schlummer, ein schlummernder Zustand; 2) ein Mineral mit aufgewachsenen Krystallen; 3) eine Pferdekrankheit meist mit Beulen oder angeschwollenen Lymphdrüsen. Verdächtige Druse, Steindruse, Steinkropf, Steinrotz,

Kropf, 1) eine Erweiterung der Speiseröhre der Vögel; 2) eine Geschwulst am Vordertheil des Halses; 3) Druse, eine Pferdekrankheit; Steinkropf, verdächtige Druse.

Gourme fr. Druse; fausse Gourme, falsche Druse, verschlagene Druse, verdächtige Druse.

Coryza (lat.), Schnupfen, C. maligna, bösartiger Schnupfen, verdächtige Druse; C. virulenta, giftiger oder ansteckender Schnupfen, Rotzkrankheit.

Malis, Melis, Maliasmos (gr.), Maliasmus, Passio malioides, Rotzkrankheit; — maliasmatisch, rotzig.

Malleus, Malcus (lat. von mollis weich oder von gr. Malis), Malleus humidus, der feuchte Rotz, die Rotzkrankheit der Pferde; M. farciminosus, der Hautwurm der Pferde.

Farciminum (lat.), Wurstkrankheit; Hautwurm der Pferde; davon: Farcin (franz.), Farcina (ital.), Farcy (engl), Wurm, Wurmkrankheit.

Desmatocalodium (v. gr.), Hautstrang; D. lymphaticum, Hautwurm.

Ungenannt, so viel als Wurm.

Worm (niederd. und engl.), Wurm.

Wurm, Wurmkrankheit, Hautwurm, Hautrotz, wenn auf und in der Haut Lymphgefässanschwellungen, Knoten oder Beulen und eigenthümliche Geschwüre zum Vorschein kommen. In alten Zeiten hielt man die Lymphgefässanschwellungen, die meist wie die Windungen eines Wurmes schlängelnd verlaufen, als auch die Gerinsel in den Blutadern wurmiger Pferde, für einen lebenden Wurm; oder man glaubte, dass in den Beulen ein Wurm lebe, der die Haut wie der Maulwurf aufwühlt, oder so durchlöchert, als wenn sie von Würmern durchfressen sei, wie bei den Dasselbeulen der Rinder.

Aufwerfender Wurm, wenn sich an den Füssen nach einer mehr allgemeinen Anschwellung Beulen und Geschwüre zeigen.

Fliegender Wurm, wenn die Beulen schnell nacheinander über ausgebreitete Stellen kommen.

Reitender Wurm, auf den Lymphgefässanschwellungen sitzende Beulen.

Offener Wurm, wenn die Beulen aufgebrochen sind.

Verborgener Wurm, wenn die Beulen noch nicht aufgebrochen sind, oder wenn bei der Wurmkrankheit die einzelnen Beulen und Lymphgefässe nicht wahrgenommen werden.

Malandria (lat.), eine Art Aussatz, Beulen am Halse, Mauke; Rotz.

Morbus (lat.), Krankheit; M. glandulosus, drüsige Krankheit; verdächtige Druse; M. mallearis, Rotzkrankheit; M. lymphaticus malignus, bösartige lymphatische Krankheit.

Glanders (engl.), Drusenkrankheit, verdächtige Druse, Rotzkrankheit.

Cachexia lymphatica facciminosa, lymphatische, wurmige Kachexie, wurmige Rotzkrankheit, Wurm.

Scrofel, Scrophel (v. lat.), Drüsengeschwulst, eine Krankheit des Lymphsystems, bei der Drüsenverhärtungen vorkommen.

Scrofel-Aussatz, Lepra scrophulosa, Wurmkrankheit.

Scrofel-Krebs, verdächtige Druse.

Scrofel-Skirrhus, Drüsenkrebsknoten, Rotzkrankheit.

Scrophula farcimen, Wurmkrankheit.

Scrophulo-syphilis, Rotzkrankheit.

Koiradaimatismo (franz. v. Koirades; Scrofeln, gr. Choiras, Scrofel; aima, Blut), Scrofelblut, Scrofelblütigkeit, Rotzkrankheit.

Affection tuberculeuse (franz.) Tuberkelkrankheit, Rotzkrankheit, weil bei derselben Tuberkel oder Knoten vorkommen.

Affection calcaire (franz.) Kalkkrankheit, chronische Rotzkrankheit, weil bei derselben nicht selten verkalkte Tuberkel oder Knoten vorgefunden werden.

Phymatosis (v. gr.), Beulenkrankheit, Tuberkelkrankheit.

Knötchenartige, fleischgeschwulstähnliche Erhöhungen auf der Nasenschleimhaut.

Granulationszellenbildung mit destructiver Tendenz; auch Rotzzellenbildung, wie Rotzwucherung, rotzige Neubildung auf der Respirationsschleimhaut und in den Knötchen rotz- und wurmkranker Pferde.

Apostematosis, Neigung Abscesse zu bilden.

Diastasis, das Auseinanderweichen, die eiterige Zersetzung.

Diathesis purulenta, eiterige Anlage, eiterige Beschaffenheit Abscesse zu bilden, Dyskrasie durch Bildung von Eiter und Entwickelung eines Ansteckungsstoffes.

Rhinocarcinoma, Nasenkrebs; Rotzkrankheit.

Ozaena (lat.), stinkendes Nasengeschwür; O. maligna s. virulenta s. contagiosa, bösartiges, giftiges, ansteckendes Nasengeschwür, Chankerkrankheit, chronischer Rotz; O. scrophulosa, scrophulöses Nasengeschwür.

Helcosis, die Bildung des Geschwürs, die Verschwärung; — der Hautwurm. Geschwürbildende Entzündung der Nasenschleimhaut, der äussern Haut, auch des Zellgewebes, ansteckende Lymphgefässkrankheit.

Beulengeschwürkrankheit, Beulenkrankheit, weil oft Beulen, Knoten und Geschwüre vorkommen.

Die Zellen.

I. Unter Zellen versteht man im gewöhnlichen Leben die zwischen den Blättchen des Zellgewebes oder auch zwischen mehreren aus diesen gebildeten organischen Theilen bleibenden Höhlungen oder Fächer, die miteinander in Verbindung stehen, einen animalischen Dunst, eine gasartige, elastische, aber in einigen Krankheiten und im Tode eine tropfbar flüssige Feuchtigkeit enthalten.

Wegen der Lockerheit des Zellgewebes können sich leicht flüssige Substanzen, Eiter, Blut, Lymphe, Gase und andere Stoffe durch dasselbe über bedeutende Strecken des Körpers verbreiten.

Die Zellgewebshäute erleiden in manchen Krankheiten mannigfaltige Abänderungen, und geben in der Rotz- und Wurmkrankheit zur Bildung der Rotzzellen Veranlassung, in den frischen Knötchen sind immer Zellen, Kerne und Interzellularsubstanz, amorphe Bindesubstanz.

Die Zellhaut oder Bindegewebhaut des Zellgewebes besteht aus mikroskopischen Zellen, die in Krankheiten neue Umänderung erleiden.

II. Alle organischen Wesen, Thiere und Pflanzen gehen aus einer mehr oder weniger complicirten Zelle, dem Ei, der Eizelle, dem Samenkorn und der Spore hervor. Die Zelle wird entwickelungsfähig durch die Befruchtung. Diese Art der Fortpflanzung ist die sexuelle, geschlechtliche, oder es löst sich vom Individuum einfach ein Keim ab, die Spore oder das Keimkorn. Dies ist die ungeschlechtliche Fortpflanzung. Beide Vorgänge kommen auch vereinigt vor und bilden dann den Generationswechsel. Dieser besteht darin, dass sich aus dem befruchteten Ei geschlechtslose Wesen entwickeln, die sich durch Keimkörner vermehren, bis die letzte Generation wieder Individuen verschiedener Geschlechter hervorbringt.

III. Uebrigens wird der ganze Organismus aus mikroskopischen Zellen bestehend gedacht, die von dem Mutterkörper zuerst als eine formlose Flüssigkeit, Cytoblastema, ausgeschieden, sich bilden, sehr kleine Körperchen mit noch kleineren Mittelkörperchen, Bläschen, Zellsaft und darin befindlichen Kern zeigen.

Diese Zellen sollen ein eigenes Monadenleben oder ein sichtbares
und producirendes Leben führen, neue Zellen bilden, Formver-
änderungen und Verbindungen unter sich eingehen, ganz neue
Gebilde hervorbringen, durch ihr Zusammenleben erst das Leben
vermitteln, und durch ihr Krankwerden die Ursache zu Krankheiten veranlassen.

So werden auch die Contagienträger, Bacterien, ·Vibrionen,
Mikrokokken von Innen erkrankter Organe für pathologische
Zellenformen, gleich den Eiterzellen, Pseudophyten für pathologische Producte gehalten, die nicht als Parasiten hineinwachsen,
sondern sich im Innern entwickeln, frei werden und auf andere
Wesen die Krankheit übertragen. Vergl. Impfversuche mit contagiösen Zellen, von Klenke. Häsers Archiv und Berlinische
Literarische Zeitung, Nr. 60, 29. Juli 1838, S. 965. Weissen-
seer Kreisblatt, 22. Dec. 1843, S. 402.

Oken stellte die Theorie auf, dass die Infusionsthierchen
zwar selbst Thiere, aber zugleich die wesentliche Grundlage aller
Thiere seien, erklärte die organischen Wesen für eine Anhäufung
unzähliger, lebender, mikroskopischer Thiere, den thierischen Leib
für nichts anderes als ein Gebäude von Monaden. S. Lehrbuch
der Naturphilosophie, von Oken, 1843, S. 169, 750. Froring's
Notizen, November 1841. Schon viel früher ist gesagt: die
Thiere selbst bestehen aus Thieren, aus Thieren, die so zart und
fein, dass der Verlust der letzten Gattung das Ganze fähig zu
vernichten. Noch mehr zeigt das Vergrösserungsglas uns immer
kleinere Creaturen, als wäre eine Welt in einer andern Welt
versteckt. S. die Jahreszeiten von Thomson.

Die Lymphe und das Parenchymplasma.

Die Lymphe ist die von den im Zellgewebe entspringenden
Lymphgefässen oder Saugadern aufgenommene klare, helle, eiweissartige, besonders im Organismus sich selbst entwickelnde Flüssigkeit, der in's Blut zurückkehrende Theil des Parenchymplasma,
das ausserhalb der Gefässe alle Organtheile durchdringt, von dem
Blut ausgeschieden, in ihrem Fortgang, besonders durch Assimi-

lation in den Lymphdrüsen der Blutmasse ähnlicher wird, und in den Blutstrom gebracht sich wieder zu Blut entwickelt.

Die Wechselwirkung zwischen Blut und Parenchymplasma besteht in einer Exosmose und Endosmose. Bei jeder Absonderung findet eine Aufsaugung statt. Jede Haut, Zellhaut, Gefässhaut, wenn sie auch geschlossen, hat die Eigenschaft gelöste Stoffe von Aussen nach Innen, Endosmose, oder von Innen nach Aussen, Exosmose, abzugeben.

Das Parenchymplasma giebt an das Parenchym, die Substanz der Gewebe, Stoffe zur Ernährung ab, nimmt aber auch theils freigewordene Stoffe aus dem Gewebe wieder in sich auf, ist in den verschiedenen Organen verschieden, daher ist auch die Lymphe, je nach den Organen, von denen sie kommt, abweichend.

Die wieder aufgenommenen freigewordenen Stoffe aus einem krankhaft ergriffenen Organtheile, so wie sie in das zunächst liegende Lymphgefäss gelangen, bedingen eine Anschwellung desselben oder doch der betreffenden Lymphdrüse, die oft von dem primair erkrankten Organtheil entfernt liegt. So entsteht die Ganaschendrüsenanschwellung bei einer Erkrankung der Nasenschleimhaut.

Das Blut.

Das Blut warmblütiger Thiere ist eine gleichförmige, dickliche, etwas klebrige Flüssigkeit, die nach dem Orte des Körpers, nach Constitution, Nahrungsmitteln und anderen Verhältnissen mehr oder weniger dunkel, besonders in den Venen oder hellroth in den Arterien gefärbt ist, und eine dünnere oder festere Beschaffenheit hat, besteht wesentlich aus Blutkügelchen, die im Blutwasser schwimmen. Die Blutkügelchen oder Blutkörperchen gleichen einem Ei mit einem inneren und äusseren Häutchen, werden auch als Kerne mit Kernchen angesehen, deren eigentliche Zellen von der durchsichtigen Lymphe des Blutes aufgelöst worden sind. Ausserdem enthält das Blut einzelne Luftbläschen, Eiweissstoff, Osmazom, thierische Materie, milch-, salz- und phos-

phorsaures Natron, reagirt alkalisch. Aus dem frisch aus der
Ader gelassenen Blute scheidet sich durch Schlagen oder Be-
wegen der Faserstoff in weisslichen Fäden und Flocken aus.
Die Einwirkung der atmosphärischen Luft, des Sauerstoffes, auf
die im Blute enthaltenen Eiweisskörper bewirkt diese Umänderung.

Das Blut ist das Product und das Producirende der verschiedenen Flüssigkeiten und der Gewebe. Es ist keine mechanische oder chemische Mischung, und ist ebensowenig als andere
organische Substanzen durch die Chemie künstlich herzustellen:
„es ist lebendiges Blut, das neues Leben sich aus Leben schafft,"
„denn des Leibes Leben ist in seinem Blute, so lange das lebt".
3 Mos. 17, 14. Auch wird das Blut als eine Flüssigkeit angesehen, in der Millionen Wesen, Blutkügelchen, Blutzellen
wimmeln.

Bei der Ueberladung verbrauchter Stoffe und bei der Aufnahme fremdartiger Stoffe im Blute, wird dasselbe in quantita-
tiver und qualitativer Hinsicht verändert.

Nach einer Impfung mit Rotzmaterie im Parenchymplasma
ist der Krankheitsprozess zuerst noch örtlich, eine sogenannte
örtliche Verstimmung, Intemperies s. Dyscrasia localis, dann
macht sich eine Veränderung im Blute noch nicht bemerkbar.
Die Krankheit aber, die bei dem Einfachen anfängt, bildet sich
bis zu dem Zusammengesetzteren weiter. Ein hinzugetretener
Frostschauer, eine Infiltration, eine Lymphdrüsenaffection, deuten
schon darauf hin, dass eine Veränderung im Blute stattgefunden
hat, die zwischen den Extremen der Krankheit eine um so
grössere Verschiedenheit zeigt. Das veränderte Blut ist nicht
die Ursache, sondern die Wirkung der Rotz- und Wurmkrankheit.
Das Blut erhält dann nebst anderen fremdartigen Beimischungen
einen Ueberschuss weisser oder eiweissartiger Bestandtheile, eine
Vermehrung der weissen Blutkügelchen und ein mehr farbloses,
statt röthliches Serum. Ravitsch sah beim Rotz und Wurm in
vielen Fällen das Quantum des Blutalbumins weniger als normal,
s. Magazin für Thierheilkunde 27, 3. S. 351. Die auf der Stufe
des Eiweisses bleibenden Stoffe im Blute bedingen meist einen

schleichenden Kreislauf, geringe Wärmeentwickelung, eine kalte Krankheit, Schlaffheit, Blutaustretungen oder wässerige Secretionen, Wasseransammlungen in einigen Organtheilen.

Das Blut lebender gesunder Thiere hat einen etwas salzigen Geschmack und immer eine alkalische Reaction. Es ist möglich, dass sich die Alkaleszens im Rotzblute steigert. Nach Kersting soll das Blut rotzkranker Pferde einen faulen und salzigen Geschmack haben.

Wo Wasser und Salze zunehmen, finden sich die Blutkörperchen stets vermindert.

Die Vermehrung des Salzgehaltes im Blute macht dies dünnflüssiger, so dass es durch die aufgelockerten Gewebe leichter durchschwitzt, besonders wenn die überschüssigen und wässerigen Theile im Blute durch den Lungendunst nicht hinlänglich entleert werden.

Die Patechien der Nasenschleimhaut, die bisweilen so ausgebreiteten Ecchymosen, die blutigen, fast braunschwarzen Ergiessungen in der Lunge, die festen Blutgerinnsel in den Höhlen, bezeugen die Veränderungen des Blutes. Vergl. De diverses espèces de morve et de farcin, par Leblanc, p. 30.

Die krankhafte Ausscheidung aus dem Blute ist meist eine wässerige oder seröse Flüssigkeit, doch sind auch Austretungen rothen gefärbten Blutes nicht selten, zu dieser hämorrhagischen Form gehört die sogenannte Bluterkrankheit. Von zwei an Bluterkrankheit leidenden Pferden soll das eine Pferd an Druse gelitten haben, das andere an Brandmauke mit Bluten aus der Nase und aus den Maukegeschwüren. Das Bluten liess sich nicht stillen. Beide Pferde starben. S. Magazin für Thierheilkunde, 28, 3. S. 343. Solche Blutungen werden zuweilen nicht nur im Verlauf der Rotzkrankheit, sondern in einzelnen Fällen während der Entwickelung oder im Anfang der Krankheit wahrgenommen und erscheinen nicht nur als blutige Infiltrationen und Nasenbluten, auch mitunter sogar als freiwilliges Bluten durch die äussere Haut. Nach Bouley ist das Blut in einzelnen Fällen von fremdartigen Stoffen so saturirt, dass das Leben dadurch unmöglich wird, und das Thier zu Grunde geht, ehe die charak-

teristischen Symptome Zeit haben sich auszubilden, während das
Thier doch am Rotze starb, wie die Impfung desselben mit dem
Blute bewies. S. Repertorium der Thierheilkunde, 23, 1. S. 32.
Das solchen Pferden abgelassene Blut bleibt eine längere Zeit
flüssig, gerinnt aber später zu einer bräunlichen Masse, ohne sich
in einen weissen und rothen Theil zu trennen.

Das abgelassene Blut erleidet, nach der Art des Ablassens
in einem kleineren oder grösseren Strahl, bei wärmerer oder
kälterer Temperatur durch die Einwirkung der Luft, mancherlei
Abänderungen. Das Blut, das sich während des Ablassens mit
einer grösseren Menge Sauerstoff verbinden kann, wird heller
gerinnbarer, scheidet mehr Serum ab, und bildet eine grössere
sogenannte Speckhaut.

Das chronisch rotzkranken Pferden abgelassene Blut erscheint
gewöhnlich im Blutstrom dunkel und gerinnt etwas langsamer
als das gesunde. In einem Glase geronnen ist es oben meist zu
zwei Drittel schmutzig gelb, zuweilen grünschillernd, der unterste
ein Drittel Theil ist mehr dunkelroth. Das aus dem abgelassenen
Blute ausgeschiedene Blutwasser, Serum, scheint grünschillernd
oder farblos, überzieht sich meist mit einem grünschillernden
Häutchen. Die Schaumblasen, die sich auf dem abgelassenen
Blute bilden, schillern grün, gelb und roth durcheinander.

Das Aussehen des Blutes erleidet mannigfaltige Modificationen. Bei der Aufsaugung putrider Stoffe, bei beschwertem Athemholen und vermehrter fieberhafter Blutbewegung hat das abgelassene Blut eine mehr gleichmässige dunkelrothe, oft aber auch
eine bräunliche Farbe, gerinnt mit der Zeit an der Luft meist zu
einer gleichförmigen dunkeln Masse und trennt sich weniger in
einen weissen und rothen Theil.

Leblanc sah in dem abgelassenen Blute solcher Pferde, deren
Körper sich in einem Zeitraum von einem bis zweien Tagen mit
kleinen Geschwülsten bedeckten, welche eine seröse Flüssigkeit
enthielten, eine analoge Flüssigkeit, wenigstens dem Anschein nach
analog derjenigen, welche in den kleinen Hautabscessen vorhanden
ist. Kersting will in der obenaufschwimmenden Lymphe Schleim-
flocken wahrgenommen haben.

Ercolani und Bassi halten die Rotz- und Wurmkrankheit
für einen pyogenischen, eiterbildenden Zustand, und zur Eiter-
bildung von Eiterkügelchen oder Zellen im Blute sollen die Einhufer besonders geneigt sein. Die im Blute enthaltenen Eiterkügelchen oder zusammengeklebten Impfkügelchen verstopfen die
freien Blutgefässe, das nachdringende Blut zerreisst die Kanäle
und bildet daselbst Ecchymosen durch Kontact oder Katalyse,
Eiterzellen enthaltende Knoten, welche man unpassender Weise
Rotztuberkel genannt hat. S. Repertorium der Thierheilkunde,
21, 4. S. 347.

Das Blut rotzkranker Pferde enthält nicht nur das Rotzcontagium, sondern auch andere im Organismus freigewordene und
wieder aufgesogene fremdartige Stoffe, die als sogenannte Schärfen
wirken; so enthält es auch Zellen von erweichten Abscessen, die
dem Eiter ähnlich, und zur Verstopfung der Gefässe in entfernten Organen und zu Infiltrationen Veranlassung geben.

Die Gerinnung des Blutes ausserhalb der Gefässe wird der
Einwirkung des Sauerstoffes zugeschrieben. Die normale und
abnormale Gerinnung des Faserstoffes im lebenden Blute wird
von dem Hinzutritt einer freien Säure hergeleitet.

Das Gerinnen des circulirenden Blutes im Innern der Gefässe mag, der glatten Gefässwände wegen, nicht so leicht vorkommen, aber sind diese auf irgend eine Weise verletzt, dann
ist die Möglichkeit vorhanden, dass das vorbeilaufende Blut an
gebildete Blutpfröpfe Theile abgiebt; so findet man bei einzelnen
gelähmten Pferden, die sonst anscheinend gesund sind, in den
Becken- oder Cruralarterien geronnenes Blut.

Die Blutgerinnsel, sogenannte falsche Polypen, Schleim-
pfröpfe sollen sich erst kurze Zeit vor dem Tode und erst meist
nach dem Tode im Herzen, besonders in der rechten Herzhöhle
und in einigen Blutadern bilden.

Die bei wurm- und rotzkranken Pferden vorgefundenen
Blutgerinnsel in den Herzkammern und in manchen Venen, ohne
oder mit Venenentzündung, scheinen mehr oder weniger durch
die Aufnahme putrider Stoffe ins Blut verursacht zu sein; diese
Gerinnsel deuten darauf hin, dass eine Neigung zur Zersetzung

des Blutes in seinen nächsten Bestandtheilen schon im lebenden Zustande vorhanden ist.

Nach Leblanc (De diverses espèces de morve et de farcin, p. 31) findet man, bei Oeffnung gewisser rotzkranker und wurmkranker Pferde, blutige Gerinnsel älterer Bildung, in Gefässen von verschiedenem Durchmesser, namentlich in den Venen des Schlauches, des Hodensacks, in den aderigen Höhlen der Nasenhaut; aber diese Veränderungen sind nicht selten bei Pferden, welche weder wurmig noch rotzig sind; sie charakterisiren diese schwere Krankheit nicht.

Kersting hat es öfter gesehen, wenn er wurmigen Pferden eine Blutader geöffnet hatte, dass sich vor die gemachte Oeffnung ein Polyp, Blutpfropf, setzte und zum Vorschein gekommen ist, welchen er dann mit einer Pincette angefasst und einmal einen mehr als eine halbe Elle langen Polypen herausgezogen hat. S. Kerstings nachgelassene Manuscripte, S. 110.

Gerlach fand in den Arterien beider Lungen eines wegen Lungenrotz getödteten Pferdes eilf alte graue, ziemlich dicke Thromben, Blutpfröpfe, die theils locker auf der Gefässwand lagen, theils damit zusammenhingen, sie enthielten Capillargefässe, spindelförmige Zellen, dickbäuchige, 2—3- und mehrkernige Spindelzellen und Rundzellen von verschiedener Grösse und einzelne grosse gekörnte Kugeln. Diese Rotz-Thromben zeigten dieselben histologischen Bestandtheile, wie die grossen grauen, speckigen und fibroiden Rotzknoten, Rotzgewächse. Die Gerinnsel in den Gefässen stören den Kreislauf des Blutes und geben wieder zu Oedemen Veranlassung. S. Zweiter Jahresbericht der Königlichen Thierarzneischule zu Hannover. 1869. S. 83.

Eggeling und Schütz fanden bei der Section eines rotzkranken Pferdes, an der Intima der hintern Aorta, an der Theilungsstelle der vorderen Gekrösarterie, mehrere rauhe Stellen, die mit Gerinnselmassen belegt sind. Da wo die hintere Aorta sich theilt, liegt ein Embolus, der vorn mit abgerundetem Ende schliesst und nach hinten bis in die Becken- und Schenkelarterien sich fortsetzt. Der Embolus besteht aus Fibrin, ist weiss gefärbt, ziemlich fest und stellenweise adhärent. S. Archiv für wissenschaftliche und praktische Thierheilkunde, 1, S. 298.

Die chemischen Bestandtheile des rotzkranken Blutes sind gewiss sehr verschieden und nicht sicher festzustellen. Dr. Simon theilt eine Analyse des Arterien-, Venen- und Pfortaderblutes eines rotzkranken Pferdes mit: Globulin ist am reichsten vertreten, dann Albumin, ungefähr siebenmal weniger Fibrin, dann noch Extractivstoffe und Salze, Hämalin und Fett. S. Froring's Notizen, April 1840 S. 378. Jahrbücher der in- und ausländischen Medicin, 1841, 3. Archiv schweizerischer Thierärzte, Neue Folge, 3, 1. S. 321.

Nach Gavaret, Delafond, Hering und Anderen enthält das Blut rotzkranker Pferde weit mehr Faserstoff als das der gesunden, so lange jene noch nicht in Kachexie verfallen sind. Nach Ercolani und Bassi ist die krankhafte Blutkrasie nicht bloss durch die Eiterzellen oder durch die Vermehrung der Lymphkügelchen bezeichnet, sondern auch durch Reichthum an Faserstoff, der hier als ein Element der Zersetzung angesehen werden muss. Nach Demis (s. Archiv für Thierheilkunde, Neue Folge, 1, 4. S. 353) existirt im Blute kein ausgebildeter Faserstoff, und das, was man dafür ansah, sei nichts anderes als coagulirtes Eiweiss, welches im Blute von den vorhandenen Salzen, mit Hülfe der dem Thiere eigenthümlichen Wärme aufgelöst erhalten wird.

Mikroskopisch zeigt das Blut rotz- und wurmkranker Pferde eine vermehrte Menge ungefärbter Blutzellen.

Bacterien, Stabthierchen, Infusorien wurden im Rotzblut, im Milzbrandblut, in anderem krankhaft beschaffenen Blute und selbst in Pflanzenaufgüssen gefunden.

Nach Christof und Klenner sind bei rotzkranken Pferden in den Flüssigkeiten constant Bacterien, doch mehr in den pathologischen Producten, Geschwüren, Knötchen, Nasenausfluss. Mit den Bacterien ist zugleich Leucose, Vermehrung der weissen Bestandtheile im Blute, verbunden. S. Repertorium der Thierheilkunde, 30, 3. S. 225, vergl. 30, 2, S. 128, 31, 1. S. 19.

Zürn fand im Rotzblut Mikrokokkus-Zellen, Pilzzellen, die cultivirt als Parasiten der Syphilis erschienen.

Nach Naczynski ist das Rotzgift ein pflanzlicher Parasit, der im Blute als Makrokokkus, Pilzsame, deutlich zu sehen ist. Magazin für Thierheilkunde, 38, 4. S. 200.

Nach Gerlach sind die Mikrokokkus-Zellen, respective Mycotryxfäden, Bacterien, im Blute rotziger Pferde nur zufällig vorhanden. S. Jahresbericht der königlichen Thierarzneischule zu Hannover. Erster Bericht 1868. S. 99.

Definition der Rotz- und Wurmkrankheit,
Erklärung, Begriff.

Die Rotz- und Wurmkrankheit, die ursprünglich bei keiner anderen Thiergattung als beim Pferde wahrgenommen ist, wird bei demselben durch eine bestimmte Ursache, durch einen von aussen kommenden oder durch einen im Innern freigewordenen besonderen Ansteckungsstoff, das Rotzcontagium, hervorgerufen und bleibend erhalten, und nicht allein auf die Thiere des Pferdegeschlechts, sondern auch auf einige andere Thiere und Menschen fortgepflanzt.

Der dem gesunden Körper einverleibte Ansteckungsstoff, wenn er nicht gleich durch den Blutstrom zu einem entfernten Organtheile geführt wird, erzeugt sich von Neuem und vermehrt sich an der ersten Einwirkungsstelle im Parenchymplasma, verbreitet sich durch Imbibition oder Aufsaugung von Ort zu Ort, von einem Zellgewebe durch das andere, alterirt und entzündet dasselbe, so die zunächst liegenden Lymphgefässe und am merklichsten die Drüsen derselben.

Der Krankheitsprozess ist jetzt noch örtlich; doch bald früher, bald später wird das Blut in Mitleidenschaft gezogen und

in seiner Zusammensetzung besonders durch Vermehrung der
weissen Bestandtheile und in seiner Thätigkeit geändert, so dass
es durch die beständige Neuerzeugung und Vermehrung der
Ansteckungs- und sonstiger freigewordener und fremdartiger
Stoffe veranlasst wird zu einer anhaltenden krankhaften Ausscheidung oder Ablagerung in allen zellgewebreichen Organtheilen, mit mehr oder weniger Ausnahme des Daucanals, dessen
Absonderung eine saure Reaction hat. Am häufigsten geschieht
diese Ausscheidung in der Lunge, dann in der Nasenschleimhaut, dann im Unterhautzellgewebe mit der äusseren Haut, aber
auch Milz, Leber, Nieren, seröse und synovale Häute, Knochen
und Knorpel werden früher oder später in den Rotzprozess
mit hineingezogen.

Die krankhaft ausgeschiedene, mit fremdartigen Stoffen geschwängerte Flüssigkeit dringt in die zunächst ergriffenen Gewebe, lockert diese auf, versetzt sie in eine schwächere oder
stärkere anhaltende entzündliche Reizung, ändert sie in ihrer
Thätigkeit und giebt zur Bildung neuer Absonderungsorgane
für den Ansteckungsstoff, zur Ablagerung fester Niederschläge
und durch die theilweise Wiederaufsaugung der ausgeschiedenen
krankhaften Flüssigkeit zu Lymphgefäss- und Lymphdrüsenanschwellung, auch zur Säftezersetzung Veranlassung.

Die auf diese Weise durch den Krankheitsprozess hervorgerufenen krankhaften Veränderungen und Merkmale: blutige
oder seröswässerige Ergiessungen, Infiltrationen, Lymphgefäss-
und Lymphdrüsenanschwellungen, Bläschen, Knötchen oder Tuberkeln, Rotzzellen, zellige Wucherungen, Geschwüre, Nasenausfluss und andere Erscheinungen, sind nicht immer gleichzeitig vorhanden, stellen sich aber, gewöhnlich nach und nach,
im Verlauf der Krankheit ein.

Die Incubation und das Latentsein der Rotz-Wurmkrankheit.

Die Incubation, das Ausbrüten, die Entwickelung oder das eine Zeit lang scheinbare Liegenbleiben der krankmachenden Ursache im Organismus. Der Zeitraum zwischen der Ansteckung und dem Ausbruch der Krankheit, heisst das Stadium des latenten Contagiums. Latent, d. h. gebunden, heimlich verborgen, das scheinbare Ruhen der krankmachenden Ursache im Organismus, und so lange noch keine, oder keine merkliche Gegenwirkung stattgefunden hat, oder sich die Ansteckungsstoffe noch nicht soweit vermehrt haben, dass sie dem befallenen Körper fühlbar werden.

Der Zwischenraum zwischen der Einwirkung der Ursache und dem Ausbruch der Rotz- und Wurmkrankheit ist an keine bestimmte Zeit gebunden. Die Einwirkung des Ansteckungsstoffes kann sich in einzelnen Fällen in vierundzwanzig Stunden und selbst schon früher, öfter aber erst später kund geben. Nicht nur nach der Impfung, sondern selbst bei der Ansteckung in Folge des Beisammenwohnens fand man schon nach sechs bis zehn Tagen die deutlichen Erscheinungen der Rotzkrankheit. Der Ausbruch nach der Ansteckung erfolgt oft viel später. Ist das Rotzcontagium in Folge einer Impfung oder eines sonstigen Contactes in das Parenchymplasma der Nasenschleimhaut oder der äusseren Haut gedrungen und dadurch eine Ansteckung bewirkt, so giebt dies die erste Einwirkungsstelle kund. Aber wird der Ansteckungsstoff gleich nach der Impfung oder nach einer sonstigen Ansteckung in das Blut geführt, so kann dies unter Umständen fieberhaft aufgeregt werden oder es führt den Ansteckungsstoff zu einem entfernten Organtheile, wo derselbe sich ablagert, dort eine Zeit lang, Wochen, Monate und selbst viel länger, latent zu sein scheint, sich aber doch unmerklich vermehrt, so dass der Ausbruch der Krankheit oder die nähere Erkennung derselben nach zufällig hinzugetretenen Einflüssen, Erkältung, Anstrengung und dergleichen deutlich hervortritt.

Dass vor dem Erscheinen der charakteristischen Symptome der
Rotz- und Wurmkrankheit der Krankheitsprozess durch den Ansteckungsstoff fortwirkte, darauf deuten zuweilen einige sogenannte Vorläufer der Krankheit als: glanzloses Haar, Abmagerung, periodenweises Hinken, Nasenbluten und andere Zufälle.
Vergl. unten Prodromen und larvirte Rotzkrankheit, über die
lange Incubation der Rotz- und Wurmkrankheit siehe auch:
Teutsche Zeitschrift für die gesammte Thierheilkunde, von Busch,
1, 1. S. 84. De la Morve des Solipedes. Par Delafond. Pag. 5.
Archiv schweizerischer Thierärzte. Neue Folge IX, 2, S. 122.
XI, 3, 227. Veterinairbericht des Königl. Rheinischen Medicinalcollegiums 1844 von Macke. Magazin für Thierheilkunde,
3, 4. 459. Mittheilungen aus der thierärztlichen Praxis, 12,
S. 25 und andere mehr.

Die Prodromen oder Vorläufer der Rotz- und Wurmkrankheit.

Die Prodromen, Vorläufer, Vorboten, sind Krankheitserscheinungen, die noch keine bestimmte Form der Krankheit
ausdrücken und sind der eigentliche Anfang der bestimmten
Krankheit.

Bei der Ansteckung fehlen eigentlich die Vorboten der
Krankheit, doch nimmt man solche in Betreff der Rotz- und
Wurmkrankheit an. Die Vorboten, die der Rotz- und Wurmkrankheit angeblich vorausgehen, sind nicht zu gleicher Zeit
vorhanden und an keine bestimmte Stelle gebunden, so verschieden sie auch sein mögen, sie haben doch alle eine ge-
meinschaftliche Ursache und deuten darauf hin: dass das Blut
schon eine krankhafte Veränderung erlitten hat und dass schon
aus demselben eine Ausscheidung und Ablagerung krankhafter
Stoffe stattgefunden hat und andauernd stattfindet.

Besonders beachtenswerth sind hier folgende Erscheinungen und Merkmale.

Das Nasenbluten, das sich mitunter ohne bemerkbare Veranlassung oder doch manchmal nach einem vorhergegangenen Prusten, Brausen, Ausbrausen aus der Nase einstellt, hört gewöhnlich von selbst wieder auf, wiederholt sich in einem Tage einige Male oder erst nach mehreren Tagen. Das in unbestimmter Menge abfliessende Blut rotzverdächtiger oder rotziger Pferde mag aus einem verletzten Blutgefäss in der Nase, aus den Nasengeschwüren, doch wohl häufiger aus den ecchymotischen Lungen seinen Ursprung nehmen, dann ist dieses Bluten ein parenchymatöses ohne Gewebsverletzung. So gilt es auch bei Milzanschoppungen als ein Symptom. — Ein neun Jahre alter Wallach, der neben rotzkranken Pferden gestanden hatte, zeigte am 21., 24. und 25. Mai 1838 Nasenbluten. Das Pferd wurde gleich getödtet. Die Lungen enthielten Ecchymosen, keine Miliartuberkel, die Nasenschleimhaut war nicht bemerkbar verändert, die mit Blut angeschoppte Milz wog sieben Pfund. — Durch das sich periodenweise einstellende Nasenbluten sogenannter rotzverdächtiger Pferde scheint sich das Blut eine Zeit lang auszugleichen. Die betreffenden Pferde erscheinen nach dem Blutverlust eine kürzere oder längere Zeit, einige Wochen bis einige Monate gesund zu sein, und oft dann erst treten Nasenausfluss und andere Zufälle ein, und einige Zeit vor dem eingetretenen bleibenden Nasenausfluss findet sich an den Nasenhaaren ein schmieriger Schleim.

Ausser dem Nasenbluten verdienen hier noch solche Merkmale und Erscheinungen Beachtung, die, wenn sie wahrgenommen werden, mitunter schon auf das Vorhandensein der Rotz- und Wurmkrankheit hindeuten; als: einseitiger Nasenausfluss und Augentriefen, Auftreibung der Nasenknochen, schnüffelndes, schnaufendes, auch stöhnendes Athemholen, Kurzathmigkeit oder Dämpfigkeit, trockner dumpfer Husten, schlechte Fresslust, veränderter Appetit, Abmagerung, aufgeschürzter Leib, Abgang kleinballiger oder mit Schleim überzogener Excremente, langes trockenes Haar, sowie nicht zu rechter Zeit erfolgtes

Abhaaren, das eine Verstopfung in den Gekrösdrüsen andeuten soll, öfteres Ausschachten oder Erection bei Wallachen und Hengsten, plötzlich entstehendes Hinken, seröswässerige Ergiessungen, Einschuss, Oedeme, Anschwellungen am Euter, an den Hoden und anderen Theilen.

Alle die oben angegebenen krankhaften Zustände und Merkmale können eine verschiedene Ursache und Bedeutung haben, sobald sie aber bei einem Pferde wahrgenommen werden, das einige Zeit vorher bei einem rotzkranken Pferde stand, dann liegt die Vermuthung nahe, dass bei einem solchen Pferde die Rotz- und Wurmkrankheit nicht nur im Anzuge, im Entstehen, oder in der Entwickelung begriffen, sondern wirklich in vollem Gange und völlig ausgebildet vorhanden ist, zumal wenn sich noch ein einseitiger zäher Nasenausfluss, sowie Lymphgefäss- und Lymphdrüsenanschwellungen hinzugesellen.

Die krankhafte Ausscheidung bei rotz- und wurmkranken Pferden.

Nach der Einwirkung der Infection, wenn nicht sogleich die ganze Blutmasse in den Bereich des Krankheitsprozesses hineingezogen ist, beschränkt sich die krankhafte Ausscheidung noch anfangs an der Infectionsstelle.

Sobald aber nach der Einwirkung der krankmachenden Ursache, zu einer nicht genau zu bestimmenden Zeit, durch den schon im Körper vorhandenen Krankheitsprozess dem Blute freigewordene fremdartige Stoffe zugeführt werden, bestrebt sich dasselbe, sich dieser zu entledigen. Eine Art Vollblütigkeit nebst einer fieberhaften Aufregung geht nicht selten der ersten krankhaften Ausscheidung, der sogenannten Eruption oder dem sogenannten Ausbruch der Krankheit, voraus oder begleitet sie eine

Zeit lang. Aber in einzelnen Fällen, so allmählich, unbemerkt, ohne wahrnehmbare Zufälle versteckt, dass sie eine längere Zeit unerkannt bleibt und die erkrankten Pferde noch eine geraume Zeit, selbst monatelang wie gesunde erscheinen. Bei anderen Pferden jedoch wird vor dem sogenannten Ausbruch der Rotz- und Wurmkrankheit ein kränkelnder Zustand wahrgenommen, deren Zufälle als Vorläufer der Rotz- und Wurmkrankheit angesehen werden, aber das Vorhandensein derselben schon andeuten.

Die krankhafte Ausscheidung oder Ablagerung aus dem Blute rotz- und wurmkranker Pferde erfolgt anfangs mitunter an der ersten Infectionsstelle, doch aber meist in den verschiedensten zellgewebreichen Organtheilen, am häufigsten in der Lunge und der Nasenschleimhaut, seltener in der Leber und Milz, dann im Unterhautzellgewebe; mitunter findet diese Ausscheidung durch die seröse Haut statt, vergleiche unten Wassersucht. Im Darmkanal findet diese Ausscheidung entweder garnicht oder meist unbemerkt statt, wenn sich keine typhösen Erscheinungen der Krankheit zugesellt haben.

Die bei den rotz- und wurmkranken Pferden im Blute vorhandenen fremdartigen Stoffe werden auf die gewöhnliche Weise nicht hinlänglich ausgeschieden, sondern durch die ausgeschiedene krankhafte Flüssigkeit wird in dem zunächst ergriffenen Organtheile ein specifischer Entzündungsprozess und eine Auflockerung veranlasst und dadurch die Bildung neuer Absonderungsorgane bewirkt, wohin das Blut die zum fremdartig neigenden Bestandtheile am leichtesten absetzen kann.

Die gewöhnlichsten Folgen der krankhaften Ausscheidung sind Blutaustretungen oder wässerige seröse Ergiessungen, teigige Anschwellungen, Beulen, Knötchen, Geschwüre, Nasenausfluss und durch Wiederaufsaugung der ergossenen Flüssigkeit, sowie gleich bei der Aufsaugung des Ansteckungsstoffes, Lymphgefäss- und Lymphdrüsenanschwellung.

Am deutlichsten wird die krankhafte Ausscheidung durch einen plötzlichen Erguss seröser Flüssigkeiten im Unterhautzellgewebe wahrgenommen. Es bildet sich an den äusseren Theilen am Kopf, noch häufiger an den Gliedmassen, eine schmerzhafte teigige Anschwellung von grösserer oder kleinerer Ausdehnung. Die ausgetretene Flüssigkeit zeigt sich gleich anfangs, nach dem Einritzen der äusseren Haut, als ein röthlich gefärbtes Blutwasser, das nach einigen Tagen eiweissartig und hellgelb erscheint. Die nicht wieder aufgesogene Flüssigkeit sammelt sich theilweise in eiterartige Klümpchen oder abscessartige Beulen, die eine weissgelbliche käseartige oder eine chocoladenfarbige Materie enthalten und zu Geschwüren geworden, eine meist gelblichhelle oder bräunliche Lymphe absondern. In der ödematösen Umgebung bilden sich immer von Neuem Beulen und Geschwüre. Die theilweise wieder aufgesogene Flüssigkeit verursacht durch ihre reizende Eigenschaft Lymphgefäss-Anschwellungen. Vergleiche unten Wurm.

Aehnlich ist die krankhafte Ausscheidung in und unter der Respirationsschleimhaut. In der Lunge tritt anfangs eine blutigrothgefärbte oder eine mehr farblose Flüssigkeit aus. Die anfangs ausgeschiedene Flüssigkeit bildet meist stellenweise Ecchymosen von verschiedener Ausdehnung, die wieder Auflockerung, Rotzwucherung, Knoten- oder Tuberkelbildung und vermehrte Absonderung zur Folge haben; dann wird auch bald früher, bald später die Nasenschleimhaut in Mitleidenschaft gezogen, wenn sie nicht vorher schon krankhaft ergriffen war; Knötchen und Geschwüre, sowie Nasenausfluss und Ganaschendrüsenanschwellung geben sich dann bald kund.

Die durch den Krankheitsprozess hervorgerufenen mannigfaltigen Veränderungen, verschiedenen Aeusserungen und Erscheinungen, zeigen sich nicht zu gleicher Zeit, kommen mitunter nicht alle zur deutlichen Entwickelung oder Ausbildung, gehen aber öfter in einander über, compliciren sich, ändern sich auch in ihren Entwickelungsstufen oder verschwinden zuweilen eine Zeit lang.

Der Verlauf und die Dauer der Rotz- und Wurmkrankheit ist nicht gleichmässig, in den meisten Fällen ist die Krankheit schleichend, langwierig, chronisch, in einigen Fällen bei einzelnen edelen Pferden, auch bei Maulthieren und Eseln, beson-

ders bei Säftezersetzung doch schnell verlaufend, acut und bald
tödtlich. Race, Constitution, Beschaffenheit, Pflege und sonstige
Verhältnisse, die ausgeschiedenen krankhaften Stoffe, ihre zufälligen Beimischungen, die Wichtigkeit der krankhaft veränderten Organe, die die Natur zur Ausscheidung gewählt hat,
Nasenschleimhaut, Lunge, seröse Haut, Unterhautzellgewebe und
so weiter, bedingen die Form der Krankheitserscheinungen eine
Abänderung in dem Krankheitsverlauf, eine mindere oder grössere
Heftigkeit der Krankheitsfälle und erregen eine Reihe von Thätigkeiten im Organismus, die aber die Krankheit nicht zu über-
wältigen vermögen, sondern dieselbe durch stetige Erneuerung
der Krankheitsursache, des Ansteckungsstoffes, wieder von Neuem
anfachen und erhalten.

Die Nasenschleimhaut rotzkranker Pferde.

Wenn die Nasenschleimhaut durch den Ansteckungsstoff ergriffen ist, nur dann werden an derselben anfangs der Rotz-
und Wurmkrankheit geröthete Stellen, Anätzungen und Geschwüre wahrgenommen. Sonst aber, sowohl beim Beginn als
auch mitunter im Verlauf der Krankheit, sind eine längere oder
kürzere Zeit an der Nasenschleimhaut mit dem blossen Auge
keine bemerkenswerthen Veränderungen zu entdecken, selbst
oft dann noch nicht, wenn durch die krankhaft ergriffene Lunge
der Nasenausfluss schon eine längere Zeit gedauert hat, die Ganaschendrüsen angeschwollen und selbst schon Auftreibungen
der Nasenknochen wahrgenommen werden. In diesem Falle
muss aber doch durch die fremdartigen reizenden Lungenaus-
dünstungsstoffe eine Imbibition oder Tränkung der Nasenschleimhaut stattgefunden haben.

Die ätzende Beschaffenheit der Ausflussmaterie aus der
Lunge wirkt auf die Nasenschleimhaut bald mehr oder weniger

zerstörend ein. Die Nasenschleimhaut erscheint dann anfangs blasser als gewöhnlich, oder blassgelb, doch auch nicht selten wie entzündet, hochrothgelblich, später entstehen oberflächliche Erosionen, Auflockerungen, geschwürige Stellen, Verengerung des betreffenden Nasenloches, das dann kleiner erscheint als das andere, und die Anhäufung des Schleimes verhindert mehr oder weniger den Durchgang der Luft durch die Nase.

Findet die krankhafte Ausscheidung mehr nach der Nasenschleimhaut statt, so ist diese oft bis auf die innern Nasenflügel ödematös angeschwollen, rothstreifig, kupferfarben oder bräunlich gefleckt, stellenweise mit Blut unterlaufen, später feucht und kalt, bleibbläulich, nach der Bewegung röthlich gefärbt, sonst ist sie meist aufgedunsen, zuweilen höckerig durch griesige Erhöhungen oder kalkige Niederschläge, meist mit zäher schleimiger Materie überzogen, ulcerirt, mit Bläschen, Knötchen oder kleinen Abscessen besetzt, die Geschwüre, Rotzgeschwüre, bilden.

Die mitunter in der theilweise entzündeten Schleimhaut entstehenden Bläschen zeigen zuweilen von ihnen ausgehend kleine blaue, auch rothe Streifen, die für feine angeschwollene Lymphgefässe angesehen werden. Delafond fand an der Nasenschleimhaut hervorspringende weissliche, unregelmässig verlaufende Linien, die eine Reihe runder, weisser, harter Körper, durch die Veränderung der oberflächlichen Lymphgefässe der Schleimhaut gebildet, Tuberkel des Herrn Dupui. S. 'De la Morve des Solipedes, par O. Delafond. Tableau synoptique. Auch unter den Narben, die zuweilen nach der Heilung der Geschwüre auf der Nasenschleimhaut, wie unter den Ulcerationen wurden kleine harte, weissliche und linsenförmige Körper gefunden. Nach Leisering sollen die sternförmigen Narben aus einer submucösen Bindegewebe vor sich gehenden Neubildung ohne vorherige Geschwüre entstanden sein und ein höckeriges, knotiges Ansehen haben. Hering hält diese sternförmigen Narben für nichts anderes als Folge einer Zerstörung und Wiederzusammenheilung der Respirationsschleimhaut. S. Repertorium der Thierheilkunde, 23, 4. S. 359. Nach Gerlach durchdringt die diffuse Wuche-

rung der Rotzzellenbildung die ganze Schleimhaut bis in das
submucöse Bindegewebe und führt durch bindegewebige Neubildung zu schwieligen Verdickungen, in welchen die spindelförmigen Zellen vorherrschen. In diesen schwieligen Verdickungen bilden sich diffus verlaufende Centralheerde, in welchen die
Rundzellen dichter gelagert sind, die nach und nach fettig zerfallen, resorbirt und durch Narbengewebe ersetzt werden; die
allmähliche Zusammenschrumpfung des Narbengewebes bedingt
dann nach und nach eine narbige Einschnürung und so entstehen die Leisering'schen Narben ohne vorhergegangene offene
Ulceration. Doch können auch Rotzgeschwüre abheilen und
nicht jede Narbe ist auf einen intra- und submucösen Vorgang
zurückzuführen; s. Jahresbericht der Königlichen Thierarzneischule zu Hannover. Erster Bericht 1868. S. 95.

Erdt will die unebenen, rauhen Erhöhungen auf der Nasenschleimhaut für keine fibroide Wucherung oder Neubildung ansehen, sondern für degenerirte und ausserordentlich vergrösserte
Schleimdrüsen. S. die Rotzdyskrasie von W. E. A. Erdt.
1863. S. 521.

Nach Roloff sind die Verdickungen der Schleimhaut durch
eine Wucherung des Schleimhautgewebes selbst und der darunter befindlichen Bindegewebs-Elemente verursacht; er will
nirgends eine Spur von Exsudaten und stockenden Säften entdeckt haben und hält die Elemente, welche beim Rotz in den
Geweben vorgefunden, für nicht infiltrirt, sondern an Ort und
Stelle entstanden. S. Magazin für Thierheilkunde 30, 1. S.
106 und 112. Dass aber an solchen Stellen, wo die krankhaften Veränderungen Rotzzellenbildung, Rotzwucherung, Knoten
sich vorfinden, eine Infiltration stattgefunden hat, ist, mit blossem
Auge gesehen, offenkundig. Das aber muss zugestanden werden,
nicht die Infiltration an sich, wohl aber der mitinfiltrirte Ansteckungsstoff veranlasst die betroffenen zelligen Theile zur
Rotzwucherung, zur Knoten- und Rotzzellenbildung. Nach Roloff werden locale Infectionen von einer Rotzwucherung aus
nicht immer durch Kontinuität vermittelt, sondern können auch
auf weitere Entfernung stattfinden, s. ebenda S. 115.

Bei dem acuten Rotz, der gewöhnlich mit teigigen Anschwellungen auftritt, ist die Nasenschleimhaut mehr gelblich
infiltrirt, mit Patechien, auch mit gelben Pusteln besetzt. Aus
den Pusteln bilden sich bald Geschwüre, die eine scharfe die
Schleimhaut zerstörende Materie ausschwitzen. Die Schleimhaut erweicht sich durch das Zerfallen der Zellen oder wird
brandig. Die Erweichung im lebenden Körper soll mit dem
Process der Fettbildung todten Fleisches im Wasser Aehnlichkeit haben, die Gangränescens dagegen dem Verwesungspro-
cesse in freier Luft mit Gasentwickelung ähnlicher sein.

Ist die Schleimhaut erweicht und in einen faulig-en Zustand
zurückgeführt, so verbreitet sie einen übelen Geruch. Eine plastische Ausschwitzung bildet sich dann zuweilen über der zerstörten Schleimhaut, um diese gleichsam zu ersetzen.

Die Nasengeschwüre rotzkranker Pferde.

Die Nasengeschwüre rotzkranker Pferde, die Rotzgeschwüre, werden in der Nasenschleimhaut, und in den meisten
Fällen an der Nasenscheidewand wahrgenommen. Diese Geschwüre erscheinen oft ohne eine bestimmte Form, besonders
wenn sie durch Anätzung, Erosion oder Verschwärung, Ulceration unmittelbar nach der Ansteckung, oder wenn sie durch
den scharfen Lungendunst und Ausfluss verursacht wurden. Be-
stimmter geformt und von mehr exanthematischer Herkunft sind
die Rotzgeschwüre, die sich in der infiltrirten, aufgedunsenen,
mehr oder weniger entzündlichen Schleimhaut aus linsengrossen,
bläschenähnlichen, runden Knötchen, kleinen Abscessen oder
Pusteln durch Zerfall der Rotzzellen bilden, den Rotzeiter absondern, der immer das Kontagium enthält, Lacmuspapier blau
und Curcumapapier braun färbt. Erdt will bei einem rotzkranken
Pferde gesehen haben, dass in jedes Geschwür ein zwirnfaden-

dickes Lymphgefäss mündete, aus welchem klare, bernsteinfarbige Lymphe hervorquoll. S. Mittheilung aus der thierärztlichen Praxis, 5. S. 9. Einige Geschwüre sind napfförmig, oder zeigen eine trichterförmige Vertiefung, sind gewöhnlich gelblichweiss, zackig, hartrandig, bei der Berührung leicht blutend, sondern eine eiweissartige, wasserhelle, mitunter auch grünliche alkalisch reagirende Flüssigkeit ab, die mitunter so scharf, dass sie die zunächst liegenden Theile zerstört, die darunter liegenden Knochen und Knorpel erweicht und auftreibt, dadurch die Nasenlöcher verengt und zu einem schnaufenden Athemholen Veranlassung giebt. Diese Geschwüre vergrössern sich in der Breite und Tiefe, heilen garnicht oder schwer. Die aus dem Grunde der Geschwürränder sich erhebenden Granulationen reihen sich aneinander, bilden so zuweilen eine körnige, himbeerähnliche, erbsengrosse Masse, die sich eher wieder erweicht als zur Heilung mit beiträgt. Einige der Geschwüre heilen zwar, aber andere kommen dann früher oder später wieder zum Vorschein. Die geheilten Geschwüre lassen gewöhnlich sternförmige Narben zurück. Schorf scheint sich nur auf den Impfgeschwüren zu bilden.

Die Rotzgeschwüre gelten als ein charakteristisches Krankheitszeichen; sind sie wahrnehmbar, so ist die Krankheit leicht zu erkennen. Diese Geschwüre werden meist an der Seite gefunden, wo der Ausfluss statt hat und dann an der Nasenscheidewand am häufigsten, oft sitzen sie so hoch in der Nase, dass man sie nicht sehen kann; in den Nasenmuscheln, Siebbeinen, in der eustachischen Röhre, am Kehlkopf, auch an der Schleimhaut der Luftröhre werden sie nicht selten gesehen.

Hautrotzgeschwüre sind nach Gerlach die aus Rotzknötchen sich bildenden kleinen Geschwüre, Wurmgeschwüre an den Lippen, Nasenrändern, zuweilen an den Beinen und übrigen Körpertheilen. S. Jahresbericht der Königlichen Thierarzneischule zu Hannover 1868, S. 97. Erdt erwähnt noch auf den Schleimhäuten der Bronchien und Luftröhrenäste, als auch auf der Nasenschleimhaut vorkommende leicht blutende spongiöse

Wucherungen, Markschwamm. S. die Rotzdyskrasie von Erdt S. 318 und 319.

Die Rotzkrankheit kommt aber nicht ganz selten ohne Geschwüre vor. Dies ist besonders dann der Fall, wenn die krankhafte Ausscheidung ohne bemerkbare fieberhafte Aufregung vor sich ging. Die Krankheit vermag dann keine Geschwürbildung hervorzurufen, indem erdige Niederschläge, verkalkte Knötchen, aus den krankhaften Secretionsproducten erfolgen und die mehr oder weniger schützende Incrustation der absondernden Fläche selbst bewirken. Wenn wenige oder garkeine Nasengeschwüre im Verlauf der Rotz- und Wurmkrankheit vorkommen, werden um sovielmehr Miliartuberkel verschiedenen Alters in den Lungen gefunden. Unter ähnlichen Umständen scheint auch die Möglichkeit gegeben zu sein, dass ohne vorhergegangene Ulceration durch Verfall und Aufsaugung der Rotzzellen in den Knötchen der Nasenschleimhaut narbige Gebilde zurückbleiben.

Das gänzliche Fehlen der Rotzgeschwüre schliesst also das Zugegensein der Rotzkrankheit nicht aus, besonders dann nicht, wenn die Krankheit durch Rotzansteckung entstanden, oder wenn noch andere Merkmale und krankhafte Veränderungen aufgefunden werden, die der Rotzkrankheit eigenthümlich sind, wie beim Lungenrotz, bei verdächtiger Druse, dem larvirten Rotz. Vergl. Mittheilungen aus der thierärztlichen Praxis 14. S. 21, 23 und andere.

Dahingegen können auch Nasengeschwüre, ohne das Vorhandensein der Rotzkrankheit, bei mehreren und manchmal gutartigen Krankheiten vorkommen.

Der Nasenausfluss rotzkranker Pferde.

Der Ursprung des Nasenausflusses rotzkranker Pferde ist in der aufgelockerten oder geschwürigen Nasenschleimhaut oder ganzen Respirationsschleimhaut, mithin auch und gewiss am häufigsten in der krankhaft ergriffenen Lunge zu suchen. Nach Erdt soll die, durch die Drüsengeschwulst zur Stagnation gebrachte Lymphe aus den zerfressenen Lymphgefässanfängen in erodirten Schleimhäuten hervorrinseln oder aus dem unverletzten Parenchym der Schleimhaut ausschwitzen. S. die Rotzdyskrasie von Erdt, S. 373. Aber mitunter werden Rotzgeschwüre, aber kein Nasenausfluss wahrgenommen, oder es ist ein Nasenausfluss vorhanden und die Nasenschleimhaut scheint noch unverletzt zu sein. Colin meint zwar, der Nasenausfluss rotzkranker Pferde komme nicht aus den Lungen. S. Repertorium der Thierheilkunde 30, 1. S. 22. Doch habe ich die völlige Ueberzeugung, dass die krankhaft ergriffene Lunge den grössten Theil des Nasenausflusses liefert.

Die ausgeathmete Luft entfernt die nicht assimilirbaren Materien: jeder Athemzug stösst beim Ausathmen Gase oder flüchtige Materien aus, die der Verdampfung oder Verdunstung fähig und mit Wasserdünsten vermischt sind. Die Lungenausdünstung ist, ihrer Menge, ihrer Mischung und ihrem Geruche nach, sehr veränderlich.

Der Ausathmungsdunst, der besonders bei rotzkranken Pferden mit Wasser geschwängert ist, verdichtet sich an der äusseren kälteren Luft zu Wassertropfen, die mitunter aus der Nase tröpfeln. Dies Tröpfeln kann aus den Lymphgefässen der Nase nicht stattfinden, wenn keine Verletzung vorhanden ist. Die krankgewordene aufgedunsene Lunge sondert später einen mehr schleimigen, mit reizenden Stoffen geschwängerte Materie ab. Der aus der Lunge kommende Ausfluss oder Luftstrom mag mitunter durch Imbibition in die Nasenschleimhaut dringen, diese auflockern und ulceriren, aber auch ohne Nasengeschwüre Lymphdrüsenanschwellung im Kehlgang veranlassen. Mit dem Nasenausfluss, sobald die Nasenschleimhaut besonders ange-

griffen, ist gewöhnlich ein Schleimausfluss aus den Augenwinkeln verbunden, der haarlose Stellen unter den Augen veranlasst.

Der Nasenausfluss rotzkranker Pferde findet häufig nur aus
einem Nasenloche statt, und noch mehr aus dem linken als aus
dem rechten, fliesst aber auch zuweilen aus beiden Nüstern.
Die Ansteckung mag in vielen Fällen die Einseitigkeit des
Nasenausflusses mit bestimmen. Dass der Nasenausfluss aber
auch dann, wenn keine Geschwüre in der Nase vorhanden sind,
am gewöhnlichsten nur aus einem Nasenloche hervorkommt, aus
dem auch der Hauch bei kalter Luft deutlicher sichtbar ist,
mag davon herrühren, dass das rotzkranke Pferd den Athem
aus einem Nasenloch mehr ausstösst und durch das andere mehr
einzieht, oder der eine entsprechende gleichseitige Lungenflügel
liefert mehr Materie zu dem Nasenausfluss als der andere.

Sputa, Auswürfe, Brustauswürfe sollen beim Pferde, des
langen Gaumensegels wegen, nicht in die Mundhöhle kommen;
doch ist es bei rotzkranken und drusenkranken Pferden nicht
selten, dass sie durch das Maul einen Theil des Nasenschleims
auswerfen, mögen auch den Nasenschleim mitunter verschlucken.

Die Menge des Ausflusses ist Anfangs der Rotzkrankheit
oft ganz unbedeutend und mitunter kaum bemerkbar, wenn
nicht ein zäher Schleim an den Nasenhaaren wahrgenommen
wird, nimmt später mehr zu, bleibt aber nicht gleichmässig
reichlich, intermittirend, findet hauptsächlich statt, wenn das
Thier den Kopf zur Erde neigt, vermehrt sich nach der Bewegung, vermindert sich bei der Ruhe, und so lange eine einge-
gebene Purganz heftig wirkt, hört das Fliessen aus der Nase
gewöhnlich auf, stellt sich nachher aber bald wieder ein.

. Die Farbe und Beschaffenheit des Nasenausflusses ändert
sich im Verlauf der Rotzkrankheit oft sehr. Anfangs der
Krankheit ist der Ausfluss meist dünnflüssig, fällt in Form von
wasserhellen, auch wohl von grünlichen oder grüngelblichen
Wassertropfen aus der Nase. Bald erscheint der Nasenausfluss
verschieden zusammengesetzt, schleimigeiterig oder gallertartig,
verschiedenfarbig, nicht selten zweifarbig, weisslichgelb, grün-

lichgelb, doch auch graugrün, bräunlich, bleifarbig glänzend, nicht selten mit Blutstreifen vermischt, enthält körnige Rotzzellen, Epitheliumzellen, knotige Körperchen von cariös gewordenen Knorpeln oder Knochen, oder käseartige weissliche Körnchen, ist im letzteren Falle meist übelriechend, gewöhnlich zähe und kleberig, hängt sich theils an die Nasenhaare, bekommt durch Oxydation früher oder später eine ätzende Beschaffenheit und zerstört um so leichter die Nasenschleimhaut.

Bei starkem Nasenausfluss fällt derselbe zuweilen klumpweise auf die Erde. Fällt ein solcher Klumpen ins Wasser, geht er meist unter, löst sich aber darin auf, was man aber auch beim Nasenausfluss Anfangs der Druse wahrnimmt. Bei der schnellverlaufenden Rotzkrankheit und bei faulfieberähnlichen Zuständen ist der Nasenausfluss mehr schaumig, dünnflüssig, weniger zähe, missfarbig, schmutziggrau, auch mehr bräunlich gefärbt, blutstreifig, meist übelriechend, penetrant stinkend.

Der Geruch des Nasenausflusses rotzkranker Pferde soll nach Sage immer eigenthümlich und zurückstossend sein, und so bei keiner andern Krankheit vorkommen. S. Traité de Koiradaimatisme par M. Sage. Paris 1840, S. 37. Nach Leblanc, (De diverses espèces de morve et de farcin, Paris 1839, p. 35,) fault die Nasenflüssigkeit rotzkranker Pferde an der Luft und verbreitet einen eigenthümlichen Geruch, der verschieden von demjenigen des Brandes ist.

Der süsslich widerliche oder üble Geruch, den man nicht immer an dem Nasenausfluss rotzkranker Pferde wahrnimmt, mag von dem zurückgehaltenen und zersetzten Nasenschleim, von den cariös ergriffenen Knorpeln und Knochen, oder von geplatzten Lungengeschwüren seine übelriechende Eigenschaft erhalten haben, soll aber auch, nach Rossi, aus dem, an sich geruchlosen Nasenausfluss durch Galvanismus hervorgerufen werden können.

Die ausgeflossene oder ausgeschnaubte Rotzmaterie, die wahrscheinlich einen salzigen Geschmack hat, wird von den rotzkranken, wie auch von den gesunden Pferden gerne aufgeleckt und niedergeschluckt. Ist bei den Pferden, die diese ansteckende Rotzmaterie verschluckt haben, keine Verletzung im Maul und im Daukanal vorhanden, so geschieht dies Verschlucken vielleicht ohne Nachtheil, wenn noch die Magensäure den Ansteckungsstoff so zersetzt, dass er als solcher nicht ins Blut aufgenommen, oder darin aufgenommen seine Einwirkung verloren hat.

Die chemische Beschaffenheit des Nasenausflusses rotzkranker Pferde variirt gewiss mannigfach. Lassaigne fand in demselben: Eiweissstoff, kohlensaures Natron, phosphorsauren Kalk und Wasser. Die Materie zeigte sich als ein Mittelding zwischen Nasenschleim und Eiter und reagirte alkalisch, s. Gurlt's Lehrbuch der pathologischen Anatomie. Erster Theil, S. 261. — Erdt meint: wo bei rotzähnlichen Krankheiten die krankhaften Effluvien nicht basisch reagiren, sondern neutral oder sauer sind, da haben sie keine contagiösen Eigenschaften, da ist die Krankheit auch nie Rotz; s. die Rotzdyskrasie von Erdt. S. 345. Nach Hering soll der Nasenausfluss sauer reagiren, welche Eigenschaft wohl durch die Einwirkung der äusseren Luft entstanden sein mag.

Alkalien in den Absonderungen sollen übermässige Entbindung des Organischen, in Folge specifischer Krankheiten bezeichnen.

Nach Viborg gab der in Wasser aufgelöste Rotzeiter mit Salzsäure gallertartige Flocken, welche sich zu Boden senkten; dasselbe geschah durch eine Auflösung von kohlensaurem Kali, das gegen einen in Salzsäure getauchten Stab weisse Dämpfe in einem verstärkten Grade gab. Mit salpetersaurem Silber und Quecksilberoxyd vermischt, gab die Flüssigkeit einen Bodensatz.

Die mikroskopische Untersuchung des Nasenausflusses rotzkranker Pferde ist verschieden ausgefallen; Professor Dr. Langenbeck sagt unter Anderem: Ein brauner fünfjähriger Wallach leidet seit acht Monaten an chronischem Rotz. Ein bräunlichgelber, klarer, gallertartiger Schleim fliesst periodisch aus dem linken Nasenloche. So weit als man die Nasenhöhlen übersehen kann, sind keine Schleimhautgeschwüre zu bemerken. Beim starken Reiten vermehrt sich der Nasenausfluss.

Die mit den Fingern aus den Nasenhöhlen genommene
Schleimmasse bildete, dünn ausgebreitet, eine völlig durchsichtige
Schicht. Diese zeigte unter dem Mikroskop von klarem Schleim
umhüllte Eiterkörperchen und grosse Fragmente vom abge-
stossenen Epithelium, Oberhäutchen. Zwischen dieser Haupt-
masse aber sah man den wasserhellen Thallus, das Lager von
einem Fadenpilz, und zahlreiche Häufchen rosenkranzartig anein-
andergereihter, russbraungefärbter Sporen, Keimkörner, die im
Durchmesser so gross als Eiterkörper. Sie besitzen ein klares
lederartiges Episporium, Keimkornhülle, welche als dunklere
äussere Begrenzungslinie erkennbar, bei stärkerem Druck durch
den Pressschieber aufspringt und einen russbraun gefärbten Staub
ergiesst, dessen sehr kleine, oft kettenförmig aneinander gereihte
Staubmoleculen eine lebhafte Moleculenbewegung, Elementar-
theilchenbewegung zeigen. Diese bräunlichen Massen bedingen,
feiner zertheilt, die lichtbräunliche Färbung des Secrets. Die
Sporen, als auch der Thallus werden durch Chlorwasser, Essigsäure und Aetzkali in der Kälte gar nicht verändert. Durch
ein zehn Minuten lang fortgesetztes Kochen in Aetzkali entstand
eine weissliche wollige Masse als Rückstand, in welchem das
Mikroskop die braunen Sporen durchaus unverändert zeigte.
Die Thallusfäden waren grösstentheils verschwunden und dafür
eine zahlreiche Menge Sporen sichtbar geworden; s. Lehrbuch
der Chirurgie von Bardeleben. 1860. S. 544.

Klenke will Rotzpilze nicht nur beim Pferde, sondern auch
beim Menschen gefunden haben, besonders in dem Nasenausfluss
und in dem Eiter. Rivolta entdeckte im Rotzeiter einen Pilz,
Malleomyces equestris, ausserdem Bacterien; s. Repertorium der
Thierheilkunde p. 22, 1. S. 60. Ueber Infusorien in thierischen
Säften s. Repert. 30, 2, S. 128. Ob der von Langenbeck 1841
im Rotzeiter gefundene Pilz identisch ist mit dem von Rivolta
beschriebenen, ist unentschieden.

Erdt fand Schimmelpilze in den pathischen Secreten und
Effluvien der Rotzkrankheit; s. die Rotzdyskrasie S. 288. 314.
Vergl. auch Naczynski Ueber mikroskopische Pilze: in dem aus
der Nase fliessenden, mehr wässerigen, gelblichen lymphatischen

Ausflusse finden sich viele Macroconidien und einzelne Sporidien vor, während in dem an den Nasenrändern klebenden Schleime Pilzschläuche, wie einzelne Schlauchfrüchte zu sehen sind; s. Magazin für Thierheilkunde, 38, 4, S. 203.

Andere, welche die Rotzmaterie mikroskopisch untersuchten, fanden darin weder Pilze noch Infusorien und nehmen an, diese seien zufällig hinzugekommen. Vergl. Medicinische Zeitschrift 14. Jahrg. 1845, 1. Januar Nr. 1, S. 2. Hannoverscher erster Jahresbericht S. 99. Repertorium der Thierheilkunde 30, 4. S. 360. 31, 1. S. 83 u. andere.

Rivolta fand Pilze nicht nur in dem Nasenausfluss rotzkranker Pferde, sondern auch solche in dem Nasenausfluss von subacutem Katarrh, welcher in kurzer Zeit geheilt wurde; s. Repertorium der Thierheilkunde 29, 4. S. 371.

Nach Klenke entsteht der Schnupfen, so wie er chronisch und somit ansteckend wird, aus Pilzen und Conferven, die auf der Schleimhaut der Nase wuchern und ihre Samenkörner auf andere Individuen übertragen. So sollen in feuchten Häusern mit Pilzbildungen diese oder ihre Samenkörner die Nasenschleimhaut suchen, dort sich anheften und vermehren; s. Humorist von Saphir Nr. 153, 19. Aug. 1843. S. 668. Der ansteckende Aussatz an Häusern s. 3. Mos. 14, 37.

Saint-Cyr will ein besonderes anatomisches Element im Rotzeiter gefunden haben, das nicht zu den Pilzen zu gehören scheint, wahrscheinlich Rotzzellen; s. Repertorium der Thierheilkunde 29, 4. S. 372.

Nach Gerlach ist das Rotzcontagium nicht an organische Formen gebunden, haftet auch nicht an den Rotzzellen als solchen, sondern nur in der Materie, die eine chemische Wirkung haben soll; s. Jahresbericht der Königl. Thierarzneischule 1868. S. 119. Das Rotzcontagium, das eine so lebenskräftige und andauernde Krankheit erzeugt, muss noch eine andere als eine blosse chemische Wirkung haben.

Ob in den ansteckenden Flüssigkeiten Pilze, Bacterien oder sonstige Infusorien wesentlich oder zufällig sind, ist noch näher

zu beweisen, jedenfalls aber ist der Ansteckungsstoff etwas
Belebtes, das sich durch Zeugung vermehrt.

Der Nasenausfluss rotzkranker Pferde sistirt mitunter eine
längere oder kürzere Zeit und wird während derselben nicht
wahrgenommen, wobei die Rotzkrankheit aber nicht erloschen,
sobald die krankhafte Ablagerung sich noch in anderen Organtheilen kundgiebt oder dem Auge nur verborgen ist; s. Mittheilungen aus der thierärztlichen Praxis, 17. Jahrg., S. 20 u. and.

Lymphdrüsenanschwellung, Anschwellung der Kehlgangsdrüsen oder Ganaschendrüsen.

Die Lymphdrüsenanschwellung rotz- und wurmkranker Pferde
kommt dadurch zu Stande, dass aus einem erkrankten Organtheile die Lymphgefässe krankhaft veränderte und reizende Stoffe
aufnehmen und bis zu den Lymphdrüsen führen, diese entzündlich reizen und darin zellige Wucherung, fibröse Bildungen und
Verhärtung veranlassen.

Die Kehlgangsdrüsen-Anschwellung, Ganaschendrüsen-Anschwellung im Kehlgange, zwischen den Kiefern, Kinnladen oder
Ganaschen entsteht dadurch, dass die Lymphgefässe krankhaft
veränderte reizende Stoffe von der erkrankten Nasenschleimhaut
bis zu den Kehlgangsdrüsen führen, die sobald sie verhärten,
gewissermassen eine Rückstauung der Lymphe veranlassen und
das Weiterdringen derselben verhindern mögen.

Die Ganaschendrüsen schwellen, wenn eine Impfung mit
Rotzmaterie in der Nasenschleimhaut gefasst hat, mitunter schon
zwei bis drei Tage nachher an.

Die Ganaschendrüsen-Anschwellung stellt sich in einzelnen
Fällen auch dann ein, wenn die Nasenschleimhaut noch ohne
eine bemerkbare krankhafte Veränderung, ohne Geschwüre sich
zeigt und selbst dann, wenn noch kein Nasenausfluss wahrgenommen wird. Dies kann nur dadurch bewirkt werden, dass

beim Ausathmen einer erkrankten Lunge noch luft- oder dunstförmige, aber schon krankhaft veränderte Stoffe in die betreffende
Nasenschleimhaut dringen und von dieser durch die Lymphgefässe in die Drüse übergehen; die angeschwollene Drüse ist dann
gewissermassen ein Aushängeschild, das auf die vorhandene
Rotzkrankheit deutet.

Die Anschwellung der Lymphdrüsen mit einem tuberculösen
Inhalt setzt immer ein krankhaftes Blut voraus. Das Lymph-
gefässsystem ist vielleicht das, worin sich am häufigsten eine
tuberculöse Masse festsetzt, besonders sind die Lymphdrüsen für
tuberculöse Entartung empfänglich und dienen mit zur Feststellung der Diagnose.

Die bei der Rotz- und Wurmkrankheit vorkommende Ganaschendrüsen-Anschwellung ist häufig einseitig, dem Nasenausfluss
entsprechend, wallnussgross, auch etwas kleiner oder grösser,
scharf begrenzt, kugelich, auch länglich, meist längs den Kinnladen festliegend, lässt sich doch auch unter der Haut hin- und
herschieben, ist meist von der Haut locker bedeckt, zuerst etwas
empfindlich, später unempfindlich, schmerzlos, fühlt sich hart an,
ist uneben, höckerig, scheint aus mehreren Drüsenknoten zu bestehen, als wenn erbsengrosse Knötchen aneinander gereiht
wären. Nach der Mitte des Kehlganges zeigt sich zuweilen ein
Anhängsel der Drüse und zwischen beiden ist dann ein kleiner
Einschnitt oder eine Vertiefung. Oberhalb der Drüse findet
man in einzelnen Fällen einen Strang, der rohrhalmdick ist und
sich unter die Speicheldrüse verliert. Die Drüsenanschwellung
zertheilt sich gewöhnlich nicht, geht auch nicht in Eiterung über
oder nur unvollkommen, und dann wohl nur das sie umgebende
Zellgewebe. Die Drüse hat sich in ein fibröses Gebilde umge-
wandelt. Anfangs der Krankheit scheint die Drüse oft grösser
als im Verlauf derselben, um dann aber bald kleiner, bald wieder
grösser zu werden. Die wechselnde Ab- und Zunahme der geschwollenen Drüse rotzkranker Pferde, wie auch der Balgge-
schwülste sollte mit dem Mondwechsel in Verbindung stehen.

Bei rotzkranken Pferden vermindert sich der Umfang der
geschwollenen Drüse beim Nasenbluten. Die zu der Drüse

geführte mehr oder weniger reizende Lymphe entzündet einen Drüsentheil von neuem, vergrössert ihn und macht ihn wieder empfindlich. Auch kommt es vor, dass die geschwollene Drüse, besonders beim Fressen und Kauen, den Speichelgang drückt und eine elastische Anschwellung veranlasst, die ebenfalls ab- und zunimmt.

Die herausgeschnittene erst kürzlich angeschwollene Drüse ist noch fleischfarben und ihre einzelnen Drüsenconvolute sind dann mit lockerem Zellgewebe umgeben. Bei längerer Dauer der Anschwellung zeigt die Drüse eine blassgraue harte Masse, die nach dem Durchschneiden mit dem Messer etwas Wider- stand leistet und eine ungleichmässige Schnittfläche darstellt, theils ein weisses Zellgewebe enthält und theils blassgrau aus- sieht, mit grauweissen, käsigen oder mehr kalkigen Ablage- rungen. Die Drüse der andern Seite ist meist ähnlich entartet, wenn auch immer viel kleiner.

Solcysel sah nach dem Ausschneiden der angeschwollenen Ganaschendrüse diese wiederkommen; s. Bartel's und Buchholtz's Pharmakopoe, S. XII.

Einem (rotzigen) Pferde wurde, am 29. December 1866, die geschwollene Drüse ausgeschnitten. Die mikroskopische Untersuchung der faserig derben Drüse ergab kleine hellgraue Knötchen mit in fettiger Degeneration befindlichen Granulations- zellen. Vier Monate blieb das Pferd anscheinend gesund. Die Operationsstelle fing an sich zu vergrössern und der Nasenaus- fluss wurde anhaltender; s. Magazin für Thierheilkunde 24, 3. S. 289.

Die Ganaschendrüsen-Anschwellung kann durch verschiedene krankhafte Zustände der zunächst liegenden Theile hervorgerufen werden, aber nur dann Rotzverdacht erregen, wenn die oben angegebenen Merkmale und Veränderungen der Drüse aufge- funden werden.

Das gänzliche Fehlen der Ganaschendrüsen-Anschwellung rotziger Pferde kommt mitunter bei solchen alten Pferden vor, bei denen die Lymphdrüsen mehr oder weniger verschwunden oder verstopft sind, mag auch dann vorkommen, wenn die betreffenden Lymphgefässe weniger reizende Stoffe aufnehmen und dadurch keine hinreichende entzündliche Reizung oder Bindegewebswucherung in den Drüsen veranlassen können.

Tuberkel, Miliartuberkel, Rotztuberkel.

Tuberkel, Knötchen, kleine Beule, kleiner Höcker, eine knotige Geschwulst der verschiedensten Art und in sehr verschiedenen Theilen, so in den Lungen Lungentuberkel oder Lungenknoten, und andere. Die Tuberkeln erzeugen sich in mehreren Krankheiten, besonders häufig in der Tuberkelkrankheit oder Tuberkelsucht durch eine krankhafte Beschaffenheit der Säfte, vorzüglich in den Lungen und Lymphdrüsen als runde körnige Knötchen, die hirsekorngross, daher Miliartuberkel, bis zur Grösse einer Erbse, sich in einer Zelle, Lungenzelle, bilden, einzeln oder in unregelmässigen Massen vorkommen, die auch anfangs als Infiltrationen erscheinen, zuerst härter werden, in der Mitte eine käsige Consistenz annehmen, meist in Erweichung übergehen und die umgebenen Organe zerstören.

Die durch die Tuberkelkrankheit erzeugten eigentlichen oder fibrösen Tuberkel werden bei Pferden selten gefunden, häufiger bei perlsüchtigen Rindern, bei Schweinen, Hühnern, Affen und einigen anderen Thieren, sowie auch beim Menschen.

Die Rotzkrankheit nannte Dupui *Affection tuberculeuse*, und die Knötchen in der Lunge, in der Nasenschleimhaut und in der Haut nannte er Tuberkel. Da die eigentlichen oder faserigen Tuberkeln, wie sie in der Tuberkelkrankheit, zwar nicht der Form nach, doch ihrer Elemente wegen, verschieden von den Rotztuberkeln sind, so hat man vorgeschlagen, diese letzteren nach Leisering Rotzknoten zu nennen; s. Mittheilung aus der thierärztlichen Praxis. 14. S. 20. Andererseits und mit ebensoviel Recht werden die angeschwollenen Ganaschendrüsen Rotzknoten genannt.

Die bei der Rotz- und Wurmkrankheit vorkommenden Knötchen der Nasenschleimhaut und der äusseren Haut erweichen sich gewöhnlich zu Geschwüren; die Knötchen in der Lunge vertrocknen oder verhärten sich eher zu einer kalkartigen Masse, weshalb auch Gally die Rotzkrankheit *Affection calcaire* nannte. So finden sich auch in den Lymphdrüsen nicht selten vertrocknete, doch auch verkalkte Tuberkel; sonst werden alle diese Knötchen mit den geschwürbildenden Knötchen, die alle einerlei Ursprung haben, histologisch, dem Gewebe nach, für gleich gehalten. Nach Virchow sollen die Knoten in den verschiedenen Gewebstheilen aus einer Zellenwucherung hervorgehen, deren Grundlage die Bindegewebskörperchen abgeben und sollen Zellen, Kerne und Intercellularsubstanz enthalten; s. Bardeleben's Chirurgie. 2. Lieferung S. 544. Vergl. Magazin für Thierheilkunde 27, 3. 354. Gerlach fand in den grauen, halbdurchsichtigen Miliartuberkeln Rundzellen in der Grösse der Lymphkörperchen und eine zarte bindegewebige Intercellularsubstanz, in den älteren weisslichen Knötchen Rundzellen von verschiedener Grösse und meist verschrumpfte freie Kerne und einen gekörnten Detritus; s. Zweiter Jahresbericht der Königl. Thierarzneischule zu Hannover 1869, S. 84.

Erdt s. die Rotzdyskrasie, will in den Lungenknoten Schimmelpilze gefunden haben. Nach Naczynski sollen die Macroconidien, Pilzfrüchte, die Bildung der Miliartuberkel veranlassen. Bei der Auflösung soll sich eine grosse Menge Schlauchpilze vorfinden. Magazin für Thierheilkunde 38, 4. S. 202. Rivolta brachte Sporen des graugrünen Schimmels unter die Haut eines Kaninchens und will Miliartuberkel erzeugt haben; s. Repertorium der Thierheilkunde 31, 2. S. 171.

Nach Ercolani und Bassi, die Rotz und Wurm für einen pyogenetischen, eiterbildenden Zustand ansehen, bleiben immer Eiterzellen in den Lungen zurück und veranlassen in denselben krankhafte Veränderungen, Tuberkel; s. Repertorium der Thierheilkunde, 21, 4. S. 347.

Mögen nun die Miliartuberkel in den Lungen rotzkranker Pferde in einer Zellenwucherung der Bindegewebskörperchen

oder aus Rotzzellen bestehen, nicht entwickelt sich diese Neubildung in den Lungen durch Herabfliessen der Rotzproducte
aus dem hintern Nasenraum, wie es Magazin für Thierheilkunde
32, 2, S. 162 angegeben, auch liegen die Rotztuberkel nicht
in der gesunden, sondern in der krankhaft infiltrirten Lunge,
sie entwickeln sich ähnlich wie die eigentlichen faserigen Tuberkeln, nach einer vorhergegangenen gewissermassen tuberculösen
Infiltration. Nur die im Blute schwebenden verschiedenen fremdartigen ansteckenden, mitinfiltrirten Stoffe bedingen eine Verschiedenheit und eine besondere Beschaffenheit der neuerzeugten
Tuberkeln oder rundlichen Gebilde in einer Zelle.

In den Lungen rotzkranker Pferde fehlen diese Knoten
selten, dann aber doch zuweilen, wenn die Krankheit rasch
verlief und wenn die Geschwürbildung in der Nasenschleimhaut
besonders stark hervortritt.

Mehreres über Tuberkel s. unter Section und Diagnose.

Rotzzellen.

Die Rotzzellen oder Rotzkörperchen sind mikroskopische
Körperchen, elementare Neubildungen, die bei dem Rotz und
Wurm in den eigenthümlichen Knoten als kleine Zellen, freie
Kerne und in älteren Knoten kernhaltige Zellen, welche dicht
gedrängt liegen und zuletzt zerfallen. Virchow hat diese Zellen
zuerst erwähnt; s. Bardeleben's Chirurgie 2, S. 544. Virchow's
Handbuch der speciellen Pathologie II. S. 408. Leisering hat
diese Zellen weiter beobachtet und beschrieben; s. Bericht über
das Veterinairwesen im Königreich Sachsen 1862. S. 121. Nach
Gerlach hebt die Rotzkrankheit mit Neubildung an, die in
Rundzellen und spindelförmigen Zellen besteht; letztere bilden
zum Theil den Ausgangspunkt der Rundzellen, sind wie die
Granulationszellen und Eiterkörperchen, doch specifisch, die älteren nehmen das Doppelte, Fünffache bis Zehnfache an und

haben einen gekörnten Inhalt, entwickeln sich aus dem Binde-
gewebskörper, auch aus dem Epithelelemente, wachsen und zerfallen; s. Jahresbericht der Königl. Thierarzneischule zu Hannover 1868. S. 80 u. s. w. Saint-Cyr hat ebenfalls gefunden, dass
den durch den Rotz hervorgebrachten Veränderungen ein besonderes anatomisches Element zu Grunde liegt, welches keinem
der normalen pathologischen Elemente gleicht; es ist weder eine
einfache noch eine Epitheliumzelle, weder der Kern einer Krebs-
zelle, noch ein Eiter- oder Tuberkelkörper, obwohl er eine
nähere oder entferntere Aehnlichkeit mit allen diesen Gebilden
zeigt. Die von Saint-Cyr entdeckten Rotzkörperchen sind sehr
unregelmässig bezüglich ihrer Formen und Dimensionen, zeigen
aber doch unter sich so viele Uebereinstimmung, dass man sie
nicht wohl verkennen kann. Man findet sie in den sogenannten
Rotztuberkeln der Lunge, in den tuberculösen Depots der Lymphdrüsen, in den Wurmbeulen und in den Rotz- und Wurmgeschwüren. An allen diesen Stellen bilden die Rotzkörperchen
mehr oder weniger umfangreiche Häufchen, welche in eine weissliche Substanz von käseartiger Consistenz eingelagert sind;
s. Repertorium der Thierheilkunde 26, 4. 294.

Die Rotzzellen, Granulationszellen mit destructiver Tendenz
mögen sich aus den Bindegewebszellen oder den Epithelelementen
oder dessen flüssigem Inhalt bilden, aber gewiss dann nur, wenn
sich ein eigenthümlich ansteckendes Material, der Ansteckungsstoff, dazu eingefunden, der, in der infundirten Flüssigkeit suspen-
dirt, in einer Zelle ein abscessartiges Knötchen verursacht, das
statt Eiterkörperchen wohl ähnliche, doch etwas anders gestaltete
und theils grössere Körperchen enthält.

Der chronische Rotz.

Der chronische, langsam verlaufende Rotz ist eine Schleich-
krankheit, die, wenn sie sich am deutlichsten ausprägt, sich in
den meisten Fällen durch anhaltenden, oft einseitigen Nasenausfluss, durch eigenthümliche Nasengeschwüre und bleibende
Drüsenanschwellung zwischen den Ganaschen kundgiebt. Diesem
sogenannten Nasenrotz folgt sehr bald der sogenannte Lungenrotz, oder dieser geht, der schon Rotztuberkel in der Lunge
birgt, dem Nasenrotz voraus.

War keine Impfung, wohl aber eine unmerkliche Ansteckung der chronischen Rotzkrankheit vorangegangen, so wird
die erste Entwickelung derselben anfänglich kaum wahrgenommen.
Ohne bemerkbare Veränderungen an der Nasenschleimhaut,
ohne sonstige sichtbare Krankheitserscheinungen, ist dennoch
nicht ganz selten im Innern eines Organtheiles, besonders in
der Lunge, vielleicht auch in der Milz oder in der Leber, der
Rotzprozess thätig im Gange innerliche Veränderungen hervorzurufen und fähig den Ansteckungsstoff von Neuem zu erzeugen
und weiter zu verbreiten. Mitunter stellen sich Krankheitsäusserungen ein, als dumpfer Husten, heiseres Wiehern, beschwertes Athemholen, Nasenbluten, Oedeme, sonstige Anschwellungen, catarrhalische und andere Zufälle, die auf die Rotzkrankheit hindeuten. Oder es erscheint die Nasenschleimhaut gelblich
oder bläulich mit einem andauernden einseitigen Nasenausfluss,
der zuerst wasserhell oder schleimig, später mehr zähe, eiweissartig, gelblich oder gelbgrünlich ist. Sind dann auch noch keine
Rotzgeschwüre vorhanden, wohl aber eine harte, bleibende Ganaschendrüsenanschwellung, dann ist ein krankhafter Zustand,
eine Form des chronischen Rotzes eingetreten, die sogenannte
verdächtige Druse, Steinkropf, Steinrotz, Rotzcatarrh. Die
Lungen enthalten dann schon Miliartuberkel, die Nasengeschwüre
entwickeln sich hier oft erst nach einer monatelangen Dauer
der Krankheit, mitunter aber früher und wie es scheint nach
einer vorhergegangenen Aufregung und unter Fieberreaction;

eine hinzugetretene Entzündung ist der Sporn zu einem beschleunigten Verlauf. Die Nasenschleimhaut scheint dann mehr unregelmässig geröthet, streifig, ödematös angeschwollen, besonders an einem Nasenflügel. Bei einer solchen meist auch schon knotigen und geschwürigen Nasenschleimhaut empfinden die betreffenden Pferde in derselben ein Jucken, reiben die Nasenspitze an der Krippe und anderen Gegenständen. Diese juckende -Empfindung erregt gewöhnlich ein zweimaliges Ausprusten von Luft und Materie durch die Nasenlöcher, um freien Luftdurchgang zu bewirken. Auch der Husten ist eine Bemühung, Reize aus den Luftwegen, besonders angehäuften Schleim und aus dem Blute durch die Lunge fremdartige dunstförmige Stoffe zu entfernen.

Kräftiges Prusten oder Brausen durch die Nase, sowie kräftiges Husten deutet noch auf eine gewisse Integrität der Lunge. Das unkräftige Ausprusten, sowie ein unkräftiger, kurzer, dumpfer Husten deutet mehr auf eine Schwäche der schon krankhaft ergriffenen Lunge. Das Wiehern oder Nörriken und Brenschen geschieht auch dann mit einer heiseren Stimme.

Das Athemholen ist bei rotzkranken Pferden in ruhigem Zustande häufig nicht vermehrt, am gewöhnlichsten holen sie den Athem langsam mit Geräusch ein und stossen ihn mit weniger Geräusch und rascher wieder aus. Die Athemzüge lassen in ihrer Energie nach, wenn sich die Blutkörperchen vermindern und das Blut mehrere salzige und wässerige Theile aufgenommen hat, vermehren sich aber bei einer schnellen Bewegung, werden ächzend, stöhnend, unregelmässig mit sichtbarer Bewegung des Brustkorbes und der falschen Rippen.

Durch eine schnelle Bewegung wird die aufgedunsene Lunge noch mehr zu einer vermehrten Absonderung veranlasst. Je grösser die Menge der Nasenausflussmaterie, jo geringer ist oft die Hautausdünstung. Verminderter oder stockender Nasenausfluss hat mitunter vermehrte Speichelabsonderung nebst Ohrdrüsenanschwellung, leichtes Schwitzen, auch wässerige Ergiessungen in verschiedenen Organtheilen zur Folge.

Mit dem Nasenausfluss, auch ohne diesen wird nicht selten ein Augentriefen wahrgenommen; zuerst zeigen sich wasserhelle Thränen, später eine eiterige Materie in den Augenwinkeln; diese über die Backen fliessende ätzende Materie verursacht eine kahle Hautstelle. An der afficirten Seite sind die Augenlider, Conjunctiva, Nickhaut und Thränendrüse oft geschwollen, blass oder weissgelblich. Ein Theil der Gesichtsknochen ist dann nicht selten mehr oder weniger aufgetrieben. Die Augen scheinen mitunter auffallend hell, doch auch zuweilen trübe; Augenverdunkelungen wurden öfter wahrgenommen. In Frorip's Notizen Nr. 252 Nov. 1839 wird angeführt, dass die Rotzkrankheit sehr häufig von wichtigen Augenkrankheiten begleitet, und zwar in Folge der Reizung der Aestchen des Nerven auf der innern Nasenfläche; von 167 rotzkranken Pferden, welche Herr Dupui in einer bestimmten Zeit behandelt hat, sind 111 blind geworden. F. Nüsken (der Helfer in der Noth bei gefahrdrohenden Hausthierkrankheiten, 1844, S. 39) erwähnt eine rotzige Lungenseuche, bei der die Pferde oft mit einem oder auch mit beiden Augen plötzlich blind werden, indem die Augen ordentlich in ihre Augenhöhlen zurücktreten und zusammenfallen. Das Auge fällt gewöhnlich an der Seite ein, wo der Lungenflügel von der Rotzmaterie am meisten gestört ist.

Das schnaufende Athemholen deutet auf Verengerungen in den Nasenlöchern und Auftreibung der Nasenknochen, die auch wie die Knorpel von der Geschwürmaterie mehr oder weniger angefressen oder in den Rotzprozess mit hineingezogen sind.

Ein sägetonartiges, stossweises Athemholen lässt eine inselförmige Blutansammlung in der Lunge vermuthen, eine fieberhafte Aufregung und nicht selten Nasenbluten werden dann wahrgenommen. Eine Anstrengung, auch wohl schon mitunter ein kräftiger Husten verursachen diesen Bluterguss.

Der Puls chronisch rotzkranker Pferde, bei denen die fieberhafte Aufregung vorüber, die noch eine gute Verdauung haben, gutgenährt und glatthaarig erscheinen, ist der Zahl nach von dem normalen Puls kaum abweichend, eher langsamer als schneller. Doch scheint solchen Pferden die Ausdauer zu fehlen.

Nach einer nicht zu grossen Anstrengung bricht der Schweiss eher aus als bei den gesunden Pferden, die Herzschläge werden fühlbarer, die Pulse schneller, sind dann aber ziemlich weich und nicht sehr ausgedehnt. Das Blut, das im Verlauf einen Ueberschuss an weissen Bestandtheilen erhalten hat, zeigt dann auch eine Neigung zur krankhaften Ausscheidung.

Die rotzkranken Pferde harnen gewöhnlich weniger als die gesunden.

Hengste und Wallache schachten öfter aus. Diese Erectionen, wobei wenig Urin abgesetzt wird, deuten auf eine erkrankte Lunge, auch wohl auf ein dünner gewordenes Blut. Solche Pferde zeigen auch nicht selten einen veränderten und verminderten Appetit, lange rauhe Haare und einen mehr oder weniger aufgeschürzten Hinterleib. Dabei ist aber der Begattungstrieb selten unterdrückt. Rotzkranke Stuten begehen von rotzkranken Hengsten. Bei den tragenden Stuten stellt sich aber, leichter als bei den gesunden, Einschuss und Brustwassersucht ein; sie sterben mitunter schon, wenn sie noch tragend gehen oder versetzen oder bringen ein krankes Füllen zur Welt, das auch gewöhnlich in einigen Wochen stirbt; wohl nur ausnahmsweise gebären sie ein anscheinend gesundes oder anscheinend gesund bleibendes Füllen.

Aus der Scheide rotzkranker Stuten kommt zuweilen eine eiterig-gelbe und zähe Flüssigkeit. Die Scheidenhaut ist auch dann oft geschwürig.

Bei den rotzkranken Hengsten sind die Hoden oder doch der Hodensack nicht selten angeschwollen. Vergleiche unten Geschlechtstheilrotz.

Die chronische Rotzkrankheit dauert bis zum Tode eine längere oder kürzere Zeit. Sie kann, unter sonst günstigen Umständen, bei guter Pflege und Fresslust monate-, selbst jahrelang auf ziemlich gleicher Stufe bleiben. Man hat Beispiele, dass rotzkranke Pferde über zehn Jahre gelebt haben. In trockenen Sommern zeigen rotzkranke Pferde oft eine merkliche Besserung, bei nasskaltem Wetter, besonders im Herbste, treten aber die Krankheitszeichen wieder deutlicher hervor.

Einige rotzkranke Pferde sind von selbst, andere durch Kunst-
hülfe geheilt und noch andere nur scheinbar wieder gesund
geworden, die meisten sind aber der Krankheit erlegen oder
getödtet.

Die chronische Rotzkrankheit geht nach einer mehr oder
weniger längeren Dauer gradweise weiter. Die Aufnahme fremdartiger und putrider Stoffe ins Blut bringt eine mehr hervorragende krankhafte Umstimmung hervor, selbst eine fieberhafte
Aufregung, eine vermehrte Ausscheidung, Störungen in den
Athmungs- und Verdauungsorganen, Athembeschworden, verminderte Fresslust, Abzehrung, sowie einen faulfieberartigen Zustand,
bei dem sich die Haare sträuben und sich leicht ausziehen lassen.
Ueberhäufung des Blutes in der Lunge bis zur Erstickung oder
wassersüchtige Ergiessungen und äussere Anschwellungen wie
beim Wurm erfolgen. Ein übelriechender und mehr dünnflüssiger Nasenausfluss, ausgebreitete Geschwüre begleiten die faulige
Auflösung und Zersetzung der ganzen Säftemasse und den baldi-
gen tödtlichen Ausgang, wie beim acuten Rotz.

Die larvirte Rotzkrankheit.

Larvirt, d. i. versteckt, nicht deutlich erkennbar ist die
Krankheit, wenn die wesentlichen Zeichen zurücktreten, oder
wenn man kein Merkmal wahrnimmt, das auf die bestimmte
Krankheit hindeutet.

Die larvirte, sich verborgen haltende Rotzkrankheit giebt
sich nach Aussen durch keine auffälligen Symptome kund. Die
nach der Ansteckung zuerst verursachten Erscheinungen, die
mitunter zur Wahrnehmung kamen, sind, sowie bei den unvollkommen geheilten rotzkranken Pferden oft so zurückgetreten
und geschwunden, dass das betreffende Pferd gesund erscheint,
dabei aber eine ansteckende Krankheit in sich birgt. Mitunter
mag ein Hüsteln, dämpfiges Athemholen, Hinken, Abmagerung,

etwas zähe Flüssigkeit am Rande des Nasenlochs, auch wohl eine Narbe an der Nasenscheidewand wahrgenommen werden. Gewöhnlich werden eine längere oder kürzere Zeit, Monatelang, keine charakteristischen Zeichen aufgefunden, bis sie durch irgend eine Veranlassung alle, oder doch theilweise und oft plötzlich zum Vorschein kommen. Ein Beweis, dass ein Stillstand der larvirten Rotzkrankheit nicht stattgefunden hat. Das wesentliche derselben, der Rotzprozess, bleibt im innern Organismus, in der Lunge und vielleicht in andern Organen, in Wirksamkeit, mögen sich auch dabei die äusseren Symptome ändern und eine Zeit lang verschwinden.

Biedermann sah bei einem fünfjährigen gutgenährten Wallach eine Drüsenanschwellung im Kehlgang ohne Nasenausfluss, die Nasenschleimhaut anscheinend nicht verändert. Nach sechs Wochen war die Anschwellung verschwunden. Das Pferd blieb drei Monate anscheinend gesund. Im vierten Monat fand sich ein klebriger, jauchiger Nasenausfluss und Drüsenanschwellungen, vier Wochen nachher der deutlich erkennbare Rotz; s. Veterinairbericht des Königl. Rheinischen Medicinalcollegiums 1844; s. ebendas. den von Mecke mitgetheilten Fall; s. auch noch: Mittheilungen aus der thierärztlichen Praxis 7, S. 10, 8, S. 23 bis 28. 10, S. 22, 21 s. 21. Magazin für Thierheilkunde 8, 1. S. 67, Repertorium der Thierheilkunde. Bemerkungen über die Rotzkrankheit von Walch, zweite Abtheilung, Marburg 1834, S. 41. Die Rotzdyskrasie von Erdt S. 448. Veterinair-polizeiliche Memorabilien von Dr. S. Cohen, erste Fortsetzung, S. 29. Zu dem larvirten ansteckenden Rotz ist auch noch der mit dem Symptom der Dämpfigkeit von Gerlach zu rechnen; s. Jahresbericht der Königlichen Thierarzneischule zu Hannover. Erster Bericht 1868, S. 101. Zweiter Bericht 1869, S. 80. Bei einzelnen anscheinend gesunden Pferden, die neben rotzkranken Pferden standen und mit denselben getödtet wurden, sind Miliartuberkeln in den Lungen vorgefunden. Unter anderen von mir beobachteten Fällen will ich hier nur den einen mittheilen: Ein ungefähr neun Jahr alter Fuchs-Wallach, der einige Monate neben rotzkranken Pferden stand, zeigte sich munter und gutgenährt, keine Spur von Dämpfigkeit und keine sonstigen Krankheitszeichen. Nachdem dieser anscheinend gesunde Wallach in einen reinen Stall gebracht und darin vier Wochen allein gestanden hatte, wurden neben ihn zwei neuangekaufte gesunde Pferde gestellt, die kaum 8 Wochen nachher für rotzkrank befunden und getödtet wurden. Der Stall wurde desinficirt, nach sechswöchentlicher Separation der betreffende Wallach wieder zu zwei neuangekauften Pferden gestellt, bei denen schon nach einem Monat die Rotzkrankheit ebenfalls zum Ausbruch kam.

Der obgleich noch anscheinend gesunde Wallach wurde nun beschuldigt, durch den Lungendunst die Rotzkrankheit auf die anderen Pferde übertragen zu haben und mit diesen zugleich getödtet. Weder an der äussern Haut noch an der Nasenschleimhaut wurden krankhafte Veränderungen aufgefunden. Die Lungen schienen etwas aufgedunsen, doch noch elastisch; im Gewebe derselben fanden sich einzelne meist verkalkte Knötchen. Die Luftröhre enthielt etwas schaumigen Schleim, keine Narben und keine Knötchen.

Knochenrotz, Knochenauftreibungen, Rippengeschwülste rotziger Pferde.

Die Auftreibung oder Auflockerung der Knochen, wie die Knorpelauftreibung wird bei rotzkranken Pferden nicht selten wahrgenommen.

Nach Leblanc (*De diverses espèces de Morve et de Farcin*, p. 32) ist es nicht selten bei den Pferden, welche längere Zeit rotzkrank gewesen sind, Exostosen und Periostosen der Nasenbeine zu finden, welche leicht abzutrennen, indem sie die Consistenz der Knochenansätze haben.

Nach Roloff treten in den Knochen und Knorpeln bei rotzkranken Pferden dieselben Wucherungen auf, welche in der Schleimhaut vor dem Verfalle derselben beobachtet werden.

Der Prozess ist kein nekrobiotischer, sondern wesentlich gleich in den Weichgebilden. Gleich wie die Rotzwucherung in den Weichgebilden durch lokale Infection sich verbreitern kann, so können auch Knorpel und Knochen durch Infection in den Prozess mit hineingezogen werden, wenn die Rotzwucherung an dieselbe herantritt; s. Magazin für Thierheilkunde 30, 1, S. 105 u. s. w.

Dr. Kirchner erwähnt das Vorkommen des Rotzprozesses an den Knochen, als Periostitis, Ostitis, Osteomyelites; s. Magazin für Thierheilkunde 32, S. 101. Eggeling und Schütz fanden bei einem rotz- und wurmkranken Pferde, das getödtet war, an der rechten Seite des zweiten Halswirbels einen wallnussgrossen abscessähnlichen Herd, der auf dicken Osteophyten sitzt und mit einem in der Diploe des Wirbels gelegenen haselnussgrossen Herde communicirt und ebenfalls mit einer eiterähnlichen Flüssigkeit angefüllt ist; s. Archiv für wissenschaftliche und practische Thierheilkunde, I. Band. S. 298.

Am häufigsten sind die Nasenbeine und Kieferknochen aufgetrieben. Diese Knochenauftreibung wird mitunter dann schon wahrgenommen, bevor Nasenausfluss und Nasengeschwüre bemerkt wurden. In solchen Fällen, ähnlich wie das Vorkommen einer Ganaschendrüsengeschwulst vor dem Nasenausfluss und vor der Geschwürbildung, entstehen diese Art Knochenauftreibungen durch das Eindringen reizender und fremdartiger Stoffe aus dem Lungendunst in die Schleimhäute bis zu den Knochen.

So sieht man auch bei einigen Pferden, die der Rotzansteckung ausgesetzt waren, an einer oder an mehreren Rippen wallnussgrosse bis faustdicke Rippengeschwülste, die meist schmerzhaft, bleibend sind, oder nach einigen Wochen von selbst wieder vergehen. Bei solchen Pferden, die sonst anfangs kaum krankhaft erscheinen, lässt sich doch bald ein Leiden des Brustfells vermuthen. Wenn auch die Anschwellung der Rippen verschwand, wirkt doch der Krankheitsprozess in der serösen Haut der Brust schleichend fort. Die so ergriffenen Pferde stöhnen bald bei der Bewegung, verrathen Brustbeschwerden, holen beschwert Athem, lassen vom Fressen ab, sind bald abgemagert, hinten aufgeschürzt und rauhhaarig, erhalten sich so kränkelnd einige Wochen, bis sie entweder an Brustwassersucht untergehen, oder es stellen sich die deutlichen Merkmale der Rotz- und Wurmkrankheit ein.

In Ostindien fand man bei rotzigen Pferden, ausser den Tuberkeln in der Lunge, Abscesse und Erweichung der Rippen; s. Repertorium der Thierheilkunde 3, 1. S. 66.

Bei einem rotzigen Pferde zeigte die Obduction viele, kleine, erbsengrosse Geschwüre, mit einem dicken Eiter zwischen den Muskeln und den Sehnen. In der Brust wurden sämmtliche Rippen, in der Mitte der Brust, aufgetrieben gefunden; Knochen-frass und Eiter zeigten sich auf den Rippen unter einer lederartigen, weissen, etwa Taubenei grossen Geschwulst, so dass es das Ansehen hatte, als habe das Pferd sämmtliche Rippen gebrochen, und sich Callus gebildet: s. Provinzial-Sanitätsbericht von Pommern für das zweite und dritte Semester des Jahres 1835, S. 159.

Wassersucht, maliasmatische oder rotzige Wassersucht, Pleurarotz.

Die rotzkranken Pferde werden im Verlauf der Krankheit nicht selten wassersüchtig, umsomehr noch wurmige Pferde mit vielen Lymphgefässentzündungen und angesteckte Pferde, bei denen die Lymphgefässanschwellungen verschwinden oder solche, bei denen Rippengeschwülste, wie oben angegeben, wahrgenommen werden.

An Wassersucht leidende und zu Grunde gegangene Pferde hat man nicht selten in solchen Ställen gefunden, in denen rotzkranke Pferde standen und mit diesen in Berührung kamen. Vor dem deutlichen Ausbruch der Rotz- und Wurmkrankheit bei anderen Pferden, während der Zeit und nachher, wurden Pferde wassersüchtig. Prehr sah, dass in einem Stalle, worin sich zwei rotzkranke Pferde fanden, fünf Pferde vorher an Wassersucht und anderen Krankheiten gefallen waren; s. Veterinairbericht des Königlichen Rheinischen Medicin. Collegiums 1844. Kalcher behandelte eine rotzverdächtige Stute mit Kreosot; die Stute blieb anscheinend gesund, erkrankte dann an einer chronischen Lungenentzündung, welche in neun Wochen tödtlich verlief. In der Brusthöhle war viel bräunliches geruchloses Wasser, die Lungen waren klein und hepatisirt, auf der Pleura befand sich eine handdicke Schicht einer derben speckartigen Masse, in den Lungen fanden sich vier bis fünf Miliartuberkel, an dem Drüsensystem keine Veränderungen; s. Mittheilungen aus der thierärztlichen Praxis, funfzehnter Jahrg. S. 165.

Die bei der Rotz- und Wurmkrankheit gewöhnlich vorkommenden anatomischen Veränderungen, Lymphgefäss- und Lymphdrüsen-Anschwellung, Tuberkeln oder Knoten, Beulen, Geschwüre, Rotzzellen werden mitunter durch eine specifische Art Wassersucht mehr oder weniger zurückgedrängt und dann kaum oder gar nicht wahrgenommen.

Der durch den Ansteckungsstoff hervorgerufene Krankheitsprozess verursacht früher oder später ein verändertes Blut und dadurch eine krankhafte Ausscheidung desselben. Geschieht die Ausscheidung bei einer stärkeren Reaction von Seiten des Organismus, dann werden die Organtheile, worin diese Ausscheidung stattfindet, mehr oder weniger von einer specifischen Entzündung ergriffen und zur Knötchen-, Geschwürbildung und Absonderung veranlasst. Geschieht aber diese Ausscheidung mit weniger Energie, allmählich zuerst weniger oder mehr reichlich, ist aber dabei die ausgetretene Flüssigkeit eiweissartig wässerig und weniger mit reizenden Stoffen angefüllt, so erscheint sie im Zellgewebe, nicht nur unter der äusseren Haut, besonders auch in der Lunge und in anderen zellgewebreichen Organen als eine Wasseransammlung oder Oedem.

Die serösen Häute sollen Zellgewebe mit einer Oberschicht überzogen sein, sie haben in mancher Beziehung in der Absonderung des Dunstes mit der Zellhaut des Zellgewebes eine auffallende Aehnlichkeit. Auch scheint zwischen der serösen Haut und den Lymphgefässen ein gegenseitiges Bedingen stattzufinden.

Bei manchen Lymphgefässentzündungen findet sich Brustfellentzündung, auch Bauchfellentzündung mit reichlicher Ergiessung plastischer Lymphe vor. Ist die Neigung zur Wassersucht bei einem Pferde vorhanden, das durch die Rotz- und Wurmkrankheit angesteckt war, zeigten sich dann auch schon Lymphgefässanschwellungen, Geschwüre und Nasenausfluss, verschwinden diese Merkmale nicht selten. Statt deren erscheinen an den abschüssigen Theilen Oedeme, die sich abwechselnd vergrössern und verkleinern, zuweilen ganz verschwinden, wenn sich die Wassersucht mehr im Innern entwickelt, oder wie beim Einschuss mehr bleibend sind und in der äussern Haut Schrunden und kleienartige Abschuppungen veranlassen. Zuweilen entstehen unter der Haut haselnuss- bis faustgrosse begrenzte Wassergeschwülste, die gewöhnlich eine synoviale Flüssigkeit enthalten. Diese Erscheinungen gehen der Ausscheidung in der Brusthöhle voraus, begleiten sie, oder sie werden nicht angetroffen.

Die krankhafte Ausscheidung wässerig-eiweissartiger Stoffe durch die seröse Haut der Brusthöhle erfolgt mitunter so allmählich, dass sie anfangs kaum wahrgenommen wird. Hat sich die wässerige Flüssigkeit in der Brusthöhle merklich angesammelt, so giebt sich dies bei den betreffenden Pferden bald durch Schlaffheit der Bewegung, Oedeme an einzelnen äusseren Theilen, glanzloses Haar, verminderte Fresslust, dumpfen kraftlosen Husten und durch beschleunigtes, beschwertes, meist wellenförmiges Athemholen mit mehr erhobenem Kopf und Hals, durch das fehlende Athmungsgeräusch und einen matten Ton kund.

Eine vierjährige Vollblutstute, die von einem rotzkranken Hengst angesteckt war, hatte am Widerrüst eine fingerlange, rohrhalmdicke Lymphgefässanschwellung, sonst weiter keine Krankheitserscheinungen. Die mit Jodsalbe eingeriebene Lymphgefäss-Anschwellung verschwand in wenigen Tagen. Vierzehn Tage darauf fing das Pferd an zu kränkeln, frass schlecht, schlug schneller mit den Flanken; einige Tage später wurde am Bauch und an der Brust eine ziemlich grosse teigige Geschwulst wahrgenommen und in der Brust liess sich ein fluctuirendes Geräusch hören.

Ungefähr sieben Wochen nach dem Verschwinden der Lymphgefässanschwellung starb das Pferd. Geschwüre und Lymphgefässanschwellungen wurden nicht wahrgenommen, auf der Nasenschleimhaut nur ein schaumiger Schleim. Die Brusthöhle enthielt
eine grüngelbliche Flüssigkeit und in derselben einige gelbliche,
plastische Gerinnsel schwimmend. Die Lunge erschien zusammen-
gedrückt, die Lungenhaut kränkelig, wie gekräuselt, und mit
fadenförmigen Ausschwitzungen besetzt. Lungenknoten wurden
nicht wahrgenommen, die Milz war etwas vergrössert und fest.

Grind, maliasmatischer oder rotziger Grind, grindiger Rotz.

Ein grindiger oder schorfiger Ausschlag mit Schrunden und
struppigem Haar wird gewöhnlich an dem sogenannten Straub-
fuss wahrgenommen, der nach einem vorhergegangenen Einschuss
zurückblieb und der auch bei rotz- und wurmkranken Pferden
zuweilen vorkommt.

Rivolta, über Ichthyosis bei Thieren, beobachtete ein vier-
zehnjähriges rotziges Pferd, das an der vordern und hinteren
Fläche des hintern linken Fesselbeines wunde, schrundige Hautstellen hatte, die mit wenig Haaren besetzt, dagegen von einer
dunkeln, etwas harten Materie bedeckt waren, mit Erhabenheiten
theils von horniger Substanz, wie Strahlfäule riechend. Die Haut
ist an diesen Stellen hypertrophisch verdickt; s. Repertorium der
Thierheilkunde 31, 1. S. 62.

Gerlach fand bei einem an acutem Rotz erkrankten Pferde
ödematöse Anschwellung der Lippen und aller vier Beine, besonders aber der Hinterbeine und des Schlauches, an beiden Hinter-
beinen eine diffuse käsige Verschorfung in der Haut vom Sprung-
gelenke bis zum Fessel; s. Jahresbericht der Königlichen Thierarzneischule zu Hannover 1868. S. 111.

Schwalenberg sah bei einem rotzkranken Pferde eine Verdickung des subcutanen Zellgewebes, die nach und nach zunahm; s. Mittheilungen aus der thierärztlichen Praxis, von Hartwig. Elfter Jahrgang, S. 23.

In medicinischen Schriften ist eine Art Hautscrophel erwähnt, die beim Menschen in der Nasenschleimhaut beginnt, die Nasenscheidewand, zuweilen auch die Knochen zerstört.

Günter spricht von Knötchen unter der Haut, die jahrelang vor dem Eintritt der Rotzkrankheit vorkommen sollen; s. der homöopathische Thierarzt. 1. Theil. 1841. S. 233.

Rotzkranke Pferde litten unter sehr ungünstigen diätetischen Verhältnissen vorher an der Räude; s. Mittheilungen aus der thierärztlichen Praxis, von Gerlach, Berlin 1859, S. 1.

Bear zu Camenz sah bei einem zwölf Jahre alten Wirthschafts-Pferde, welches an einem flechtenartigen Ausschlage am Kopfe litt, einen zu Zeiten sehr geringen Nasenausfluss. An den Schleimhäuten war nichts Auffälliges wahrzunehmen, auch die Kehlgangsdrüsen waren nicht geschwollen. Vier Pferde, welche neben diesem Pferde angespannt wurden, wurden nach einander angesteckt, und es hat sich später herausgestellt, dass dieses Pferd es war, welches die andern Pferde angesteckt hatte; s. Magazin für Thierheilkunde 25, 3. S. 389.

Bei einigen alten und abgemagerten Pferden mit verminderter Lebensthätigkeit zeigt sich mitunter an verschiedenen Stellen der äussern Haut eine Ausschlagskrankheit, die auch den Namen Grind oder Hungerräude führt. Dieser Ausschlag, der sich nur an begrenzten Stellen zeigt, besteht aus kleinen Knötchen oder wenig absondernden Pusteln, weissen Hautschuppen oder Schinn. Die betreffenden Pferde empfinden an diesen Stellen eine juckende Empfindung, Neigung sich zu scheuern. Die gescheuerten Stellen zeigen ein struppiges, leicht ausfallendes Haar, weisslich scheinende Hautflecke und eine kränkliche oder faltige Haut.

Das solchen Pferden aus der Ader gelassene Blut ist hellroth, nach Kersting soll es übernatürlich scharfsalzig an Geschmack sein.

Bei einigen dergleichen Pferden findet man die im Kehlgange mehr nach unten liegende Drüse wie eine kleine Wallnuss gross angeschwollen; zeigt die Nasenschleimhaut dabei ein streifiges Aussehen und hustet das betreffende Pferd schwach und dumpf, dann ist auch schon die Lunge erkrankt. In derselben wird man bei der Section schon mehrere grauweissliche, linsengrosse Tuberkel finden, so in der Milz haselnussgrosse beulenartige Erhabenheiten. Der Magen ist gewöhnlich zusammengeschrumpft.

Kommen diese grindigen, gewissermassen ausgehungerten Pferde durch gute Pflege in einen besseren Nährzustand, so verliert sich zwar zuweilen der grindige Ausschlag, aber die Knötchenbildung in der Lunge macht eher Fortschritte, ein verdächtiger Nasenausfluss und andere Zeichen, die auf die Rotzkrankheit hindeuten, treten mehr hervor.

Der acute Rotz.

Der acute oder schnell verlaufende Rotz, der nach dem plötzlichen Ausbruch der Krankheit schon in wenigen Tagen zur fauligen Auflösung oder doch zum tödtlichen Ausgang führt, wird bei Eseln und Maulthieren wahrgenommen, angeblich der engen Nasenlöcher wegen, kommt aber auch bei einigen edelen und jungen kräftigen Pferden vor, bei denen nicht die engen Nasenlöcher, sondern andere Bedingungen zum Grunde liegen, entweder die kräftigen Reactionen gegen die fremdartigen Bestandtheile im Blute, oder faulige oder andere Beimischungen in demselben.

Nach erfolgter und meist anhaltender fieberhafter Aufregung mit einem vollen harten Puls, weiss-gelblicher Röthe der Schleimhaut, trockenem Husten und Appetitlosigkeit erfolgt die krankhafte Ausscheidung besonders nach den Respirationsorganen, ein beschwertes Athemholen und darauf wird eine bald eintretende teigige Anschwellung von beträchtlichem Umfange am Kopf zwischen den Kinnladen, am Hals und andern Körpertheilen, zuweilen mit rotblaufartiger Anschwellung der Füsse nebst mehreren oder weniger Wurmbeulen sichtbar. Die meist bedeutend angeschwollenen Ganaschendrüsen sind schmerzhaft. Die Nasenschleimhaut erscheint hochroth oder mehr gelb gefärbt, mit blutunterlaufenen Flecken, auch mit gelben rothumgebenen Bläschen. Die Anfangs violetten, bald erbleichenden und sich bleifarbig zeigenden, erbsengrossen Geschwüre mit röthlicher Umgebung, grauröthlichem Grund und rothen, leicht blutenden Rändern, gehen bald im Umkreise und in der Tiefe in ausgedehnte geschwürige Flächen über.

Aus einem, öfter aus beiden Nasenlöchern fliesst meist in reichlicher Menge eine grünlich gelbe, auch schmutzig gefärbte, blutige, übelriechende, theils zähe, theils dünnflüssige, scharfe Materie, die nicht nur die Nasenschleimhaut, sondern auch die äussere Haut, wenn sie damit in Berührung kommt, anätzt und auflöst, so dass oft ganze Hautstücke verschwinden.

Das in den Lungen ausgetretene, zersetzte theerartige Blut bildet daselbst Ecchymosen und Sugillationen. Diese Blutüberfüllung in den Lungen hat schon in einzelnen Fällen einen plötzlichen Tod durch Erstickung herbeigeführt. Gewöhnlich erfolgt der Ausgang zum Tode schon am zweiten oder dritten Tag nach dem Ausbruch der Krankheit, seltener am achten. Nur in einzelnen Fällen ist die Krankheit in den chronischen Zustand übergegangen, der auch wieder, am Ende des tödtlichen Ausgangs, ähnliche Symptome wie der acute Rotz zeigt. Die Selbstheilung soll in einigen Fällen vorgekommen sein.

Der Wurm.

Der Wurm, die Wurmkrankheit, der Hautwurm, der Hautrotz wird durch dieselbe Ursache, die den Rotz erzeugt, hervorgerufen, geht in diese Krankheit über, gesellt sich zu derselben und entsteht aus derselben, kommt besonders in und unter der

äussern Haut, an einer Seite des Körpers, mitunter über den
ganzen Körper verbreitet, unter der Form von Oedem, Lymphgefässanschwellung, Beulen und Geschwüre zur Entwickelung und
Aeusserung.

Ist durch die Ansteckung eine kleine Anschwellung in der
äusseren Haut entstanden, vermehrt sich im Parenchymplasma
der Ansteckungsstoff, inficirt durch Aufsaugung ein Lymphgefäss
und gelangt bald früher, bald später bis an das Blut, das dann
auch an dem Krankheitsprozess mit theilnimmt und wieder zur
Ausscheidung der krankhaften Stoffe veranlasst wird. Diese Ausscheidung kann sehr allmählich geschehen, gewöhnlicher aber erfolgt sie anfangs mehr plötzlich und reichlich nach einer minderen
oder stärkeren deutlich fieberhaften Aufregung. Plötzliches Hinken,
Einschuss oder eine geringere teigige Anschwellung werden dann
wahrgenommen und bald darauf auch einzelne Beulen und
Lymphgefässanschwellungen.

Zeigen sich an der äussern Haut, am Maul und an anderen
Theilen, nur einzelne Beulen und Lymphgefässanschwellungen,
dann ist anzunehmen, dass eine Ansteckung an diesen Stellen vor
sich gegangen ist, erscheinen aber die Beulen über den ganzen
Körper verbreitet, dann ist auch schon das Blut und die inneren
Theile, besonders die Lunge in den Krankheitsprozess hineinge-
zogen, dann mag die Ansteckung und die erste Entwickelung der
Krankheit in der Respirationsschleimhaut vor sich gegangen sein.

Die Lymphgefässanschwellungen, Wurmstränge sind mit in
den Krankheitsprozess gezogen und eine gewöhnliche Folge der Aufsaugung reizender Stoffe der zunächst liegenden inficirten Gewebe.
Die unter der äussern Haut liegenden Wurmstränge sind ungefähr fingerdick, öfter knotig aufgetrieben.

Die Beulen, Wurmbeulen, liegen theils auf den Wurm-
strängen und sind perlenschnurförmig aneinandergereiht oder sie
stehen einzeln, liegen gewöhnlich unter der Haut, die sich dann
darüber verschieben lässt, sind meist mit einem Oedem umgeben,
zuerst schmerzhaft, hart, rund, haselnuss- bis wallnussgross; doch
finden sich auch kleinere kaum erbsengrosse, mehr flache Beulen,
besonders an den Stellen, wo die Haut weniger dick ist, so an

den Umgebungen der Nasenlöcher, den Lippen, Geschlechtstheilen, an der inneren Fläche der Schenkel und an anderen Theilen.

Die Wurmbeulen vertheilen sich selten, brechen aber öfter nach drei bis sechs Tagen auf, mitunter erst später. Bei dem Aufplatzen der Beulen bildet sich um die Oeffnung herum eine Wulst.

Die so entstandenen Geschwüre haben meist einen vertieften, speckigen Grund und eine rothrandige Umgebung, sind weich livid und bluten leicht bei der Berührung, sickern entweder eine gelbliche, mitunter grünschillernde, dünnflüssige, alkalisch reagirende, scharf ätzende oder eine mehr klebrige, sich verdickende eiterige oder eiterig-lymphatische Flüssigkeit.

Die Wurmgeschwüre vergrössern sich nicht selten, heilen nur langsam und ungern. Nach der Verheilung hinterlassen sie harte, runde Anschwellungen in der Haut. Statt der geheilten Geschwüre entstehen in ihrer Nähe oft andere Beulen und Geschwüre. Nebst den Lymphgefässanschwellungen sind auch die betreffenden Lymphdrüsen geschwollen, besonders die Leisten- und Achseldrüsen, später auch nicht selten die Ganaschendrüsen.

Wurmkranke Pferde giebt es im Allgemeinen weniger als rotzkranke. Finden sich in einem Stalle mehrere wurmkranke Pferde, so liegt die Vermuthung nahe, dass sie durch die Striegel, womit rotz- oder wurmkranke Pferde gestriegelt waren, angesteckt wurden.

Sind bei den wurmkranken Pferden, die durch den Krankheitsprozess hervorgerufenen Veränderungen von nicht zu grosser Ausdehnung, die Lungen noch frei von Tuberkeln und sonst die Athmungs- und Verdauungsorgane nicht besonders gestört, dann macht auch die Krankheit nur langsam Fortschritte und kann mehrere Monate lang dauern. Schneller ist der Verlauf, wenn sich Venenentzündungen hinzugesellen und wenn putrider Stoff eine Aufnahme ins Blut gefunden hat. Verliert sich die äussere Anschwellung durch Versetzung mehr nach Innen, so nach der serösen Haut, so entwickelt sich eine Brustwassersucht oder es findet in Lunge oder in Leber und Milz eine tuberkulöse Infiltration und Tuberkelbildung statt.

Die nach und nach mehr gestörte Blutbereitung, Zersetzung der Säfte, Abzehrung führen die Erschöpfung und den Tod herbei; oder es entsteht zu Ende der Krankheit von Neuem eine fieberhafte Aufregung, die Einschuss oder sonstige wassersüchtige Anschwellungen und Ablagerungen zur Folge hat, häufig aber auch Ganaschendrüsenanschwellung, Nasenausfluss und andere Symptome des Rotzes, die den üblen Ausgang der Krankheit beschleunigen.

Der acute Wurm.

Der acute oder schnellverlaufende Wurm kann wie der acute Rotz das fieberhafte Ende der Rotz- und Wurmkrankheit bezeichnen, ist aber eine gleich von vornherein acut auftretende Form dieser Krankheit.

Gerlach unterscheidet den subcutanen und cutanen Wurm. Der subcutane Rotz hat seinen Sitz in dem lockeren Bindegewebe unter der Haut. Der exanthematische Rotz, Hautwurm soll seinen Sitz in der Haut selbst haben, erbsen- bis haselnussgrosse Knoten zeigen, die bald aufbrechen und runde Wurmgeschwüre mit zerfressenen rothen Rändern darstellen, oder ganz kleine, kaum erkennbare bis erbsengrosse Knötchen, die bald aufbrechen und flache lenticulare, stark nässende Geschwüre darstellen s. Jahresbericht der Königlichen Thierarzneischule zu Hannover. Erster Bericht 1868. S. 105.

Der acute Wurm ist sehr selten von mir nur bei jungen edlen Pferden, die neben rotzkranken standen, beobachtet worden.

Die Krankheit erscheint unter Fieberschauern, beschwertem Athemholen, tief ergriffener und mehr gestörter Lebensthätigkeit und Störung der Verdauungsorgane mit plötzlich eintretender teigiger Anschwellung an einem oder beiden Hinterfüssen. Lymphgefässanschwellungen werden nicht wahrgenommen. Auf der Haut der geschwollenen Gliedmassen sind kleine erbsengrosse auch grössere pustelartige Beulen oder Knötchen, die an demselben Tage, wo sie zuerst bemerkt werden, aufbrechen und schnell um sich fressende Geschwüre bilden, die eine bräunliche, wasserhelle, so scharf ätzende Materie aussickern, dass sie Haare und die zuerst weiss gemachte Haut auflöst und grosse, fusslange und breite von der Haut entblösste Stellen und mitunter eine Ablösung der Hufe verursacht, doch das Zellgewebe und die darunter liegenden Muskeln weniger anzugreifen scheint. Die so ergriffenen Pferde überleben, nach dem Ausbruch der Krankheit, kaum den zweiten bis dritten Tag, selten ist die Krankheitsdauer einige Tage länger.

Geschlechtstheilrotz, Beschälrotz.

Die an den Geschlechtstheilen rotzkranker Pferde vorkommenden Veränderungen und Merkmale werden sowohl bei Hengsten als bei Stuten wahrgenommen. Bei Hengsten deutet die Hodensack- und Hodenanschwellung nicht selten schon auf den Ausbruch der Rotz- und Wurmkrankheit hin. Gewisse Hodenanschwellungen gehen dem Ausbruch des Rotzes in der Nase voraus, begleiten ihn oder folgen ihm.

Augenard sah einen Hengst, der einen einseitigen Nasenausfluss und Catarrh der Harnröhre zeigte. Die Section erwies, ausser den Symptomen des chronischen Rotzes, das Vorhandensein zahlreicher kleiner rotzähnlicher Geschwüre auf der Harnröhrenschleimhaut und ausserdem an der Ruthe. Die von diesem Hengst bedeckten Stuten waren nicht tragend geworden, dreissig derselben gingen an Rotz und Hautwurm zu Grunde; alle rotzig gewordenen Stuten hatten zugleich Geschwüre auf der Scheidenschleimhaut und einen periodischen, klebrigen Ausfluss aus der Scheide.

Bei Stuten, die von einem rotzkranken Hengst besprungen wurden, sah man an den Schamlippen und selbst auf der Schleim-

haut der Scheide Geschwüre entstehen, hirsekorn- bis erbsengross, am Rande erhaben, mit scharlachrothem Grund und mit
lymphatischer trüber Ausschwitzung.

Die bei dem gewöhnlichen Beschälausschlag vorkommenden
Exantheme, ohne tiefes Ergriffensein des Lymph- und Nerven-
systems, stehen mit dem Rotz und Wurm in keinem ursächlichen Verhältniss, wohl aber mehr diejenigen der bösartigen
Beschälkrankheit. Die Araber nennen die bösartige Beschälseuche Dourine und behaupten, dass sie ursprünglich vom Esel
ausgegangen und durch Verbastardirung mit dem Pferde hervorgerufen worden sei; s. Repertorium der Thierheilkunde 213,
S. 231. Bei der bösartigen Beschälkrankheit kommen ausser
Lähmungen einzelner Körpertheile bei einigen Pferden rotz- oder
wurmähnliche Leiden vor. Die Geschwüre, die sich an den
Geschlechtstheilen aus kleinen Bläschen oder Pusteln bilden,
sickern eine scharfe Flüssigkeit aus, zeigen zackig aufgeworfene
Ränder und ähneln den Wurmgeschwüren an der Lippe. Latour
hielt die Beschälkrankheit für eine Form des Rotzes. Vergl.
Busse, die Beschälseuche der Pferde. Magazin für Thierheilkunde 24, 4. S. 458. Mittheilungen aus der thierärztl. Praxis
11, S. 24. 12, S. 14 und andere.

Section.

Die Section oder Zergliederung, die Obduction oder Oeffnung, die Besichtigung am todten Körper hat den Zweck, die
eingetretenen Veränderungen nachzuweisen, welche der Krankheitsprozess hervorbrachte.

Das schwächere oder stärkere Auftreten der Rotz- und
Wurmkrankheit, die kürzere oder längere Dauer derselben, die
Eigenthümlichkeit der besonders ergriffenen Organe und andere
Umstände bedingen einige Abweichungen der verschiedenen
krankhaften Veränderungen; die gewöhnlichsten sind: eigenthüm-

liche Geschwüre, Beulen, Knoten oder Tuberkel, Lymphgefäss-
und Lymphdrüsenanschwellung, so auch eine Ansammlung eines
krankhaft veränderten Schleims in den Respirationsschleimhaut-
höhlen.

Die angegebenen für charakteristischer gehaltenen Merkmale werden aber nicht selten theilweise vermisst oder gar nicht
wahrgenommen. Doch sieht man auch wieder, dass durch den
Rotzprozess noch verschiedene andere und abweichend erschei-
nende Veränderungen hervorgebracht werden, die nicht selten
eine Aehnlichkeit mit denjenigen haben, welche in Folge anderer
Krankheiten wahrgenommen werden, aber unter anderen
ursächlichen Verhältnissen entstanden und in anderen Verbindungen sich entwickelt haben.

Die Nasenflügel rotzkranker Pferde können ödematös angeschwollen und die Oeffnungen der äusseren Nasenflügel mit einer
schaumigen Flüssigkeit bedeckt sein.

Die äussere Haut rotzkranker Pferde ist selten bemerkenswerth verändert, mitunter grindig, schrundig und verdickt. Bei
einem rotzkranken Pferde hatte sich allmählich eine Verdickung
der Haut im Kehlgange, der Backen- und Nasengegend gebildet;
s. Mittheilungen aus der thierärztlichen Praxis, Vierter Jahrgang
1855—1856, S. 8.

An der äusseren Haut wurmiger Pferde finden sich gewöhnlich: Verdickungen, Verhärtungen, Erhabenheiten, Anschwellungen, Beulen, Geschwüre, haarlose Narben und andere
zerstörte Hautstellen.

Die Unterfläche der Haut, wo diese über einer Beule ge-
sessen hat, ist mehr dunkelroth; wo ein Geschwür gewesen, ist
sie durchlöchert, die Haut selbst an diesen Stellen verdickt.

Das Unterhautzellgewebe ist da, wo sich teigige Anschwellungen fanden, anfangs mit einer röthlichen oder gelblichen,
später gelbsulzigen, auch dunkelrothen, zersetzten Flüssigkeit
infiltrirt und enthält eine wässerige, seröse oder purulont eiterige
Materie.

Die einzelnen Beulen unter der Haut enthalten eine mehr
helle, weissliche, eiweissartige oder käsige Lymphe. Neben

diesen Beulen sollen sich noch krankhaft vergrösserte, nicht erweichte Schleimbeutel finden.

Die angeschwollenen, theils verdickten Lymphgefässe sind mit flüssiger oder verdickter Lymphe, auch wohl mit einer käsigen oder bräunlichen Masse angefüllt.

Die angeschwollenen Lymphdrüsen erscheinen bleich und enthalten eine gelblich-weisse Materie. Die Kehlgangsdrüsen sind anfangs etwas röthlich, später mehr bleich, hart und knotig, enthalten zwischen verhärteten Zellgeweben geronnene Lymphe oder kleine Granulationszellen, oder eine weissliche, käsige Masse, die sich durch kalkige Niederschläge verhärtet, den Miliartuberkeln in den Lungen nicht unähnlich. Das Zellgewebe, welches die geschwollene Drüse umgiebt, bildet eine dicke, resistente Kapsel.

Die Speicheldrüsen werden zuweilen angeschwollen und etwas härter als gewöhnlich gefunden.

Der Schlauch der Hengste und Wallache ist häufig ödematös.

Die Hoden enthalten eine infiltrirte tuberculöse Materie. Die Samenstränge sind angeschwollen, verdickt. Die Vorsteherdrüsen sind angeschwollen und infiltrirt. Der Hodensack ist angeschwollen, die Venen desselben enthalten Blutgerinnsel.

An der männlichen Ruthe der Hengste und in der weiblichen Scheide der Stuten finden sich zuweilen Pusteln und Geschwüre.

Im Euter finden sich tuberkulöse Infiltrationen.

Einen vergrösserten Eierstock fand Gerle bei einer Stute, bei der einunddreissig Tage ein heftiger Geschlechtstrieb aufgetreten, und welche an verdächtiger Druse gestorben war; s. Mag. für Thierheilkunde 10, 1. S. 90.

Hildebrand fand bei einer rotzkranken Stute ein Geschwür im rechten Eierstocke und Oedem des linken Eierstockes, bei einer anderen Stute Auftreibung der Eierstöcke; s. Mittheilungen aus der thierärztlichen Praxis 3, S. 6 und 10.

Die Sehnenscheiden und die synovialen Häute der Gelenke enthalten, wenn diese Theile angeschwollen waren, eine blutige oder gelbliche Flüssigkeit.

Die Muskeln sind in einzelnen Fällen bleich, in andern durch zersetztes Blut dunkelrother, oder sie sind durch eine seröse Flüssigkeit oder durch eine eiterige Materie infiltrirt.

Die Knochen und Knorpel, die mit an dem Krankheitsprozess Theil genommen haben, besonders diejenigen der Nasenhöhlen, Nasenbeine, Stirnbeine, Nasenmuschel, Siebbeine sind verdickt, aufgelockert, theils erweicht, ähnlich zuweilen einzelne Rippenknochen und andere.

Die Nasenschleimhaut, die mitunter kaum bemerkbar verändert erscheint, kann nach dem höheren oder niederen Grade und der längeren oder kürzeren Dauer der Krankheit ein sehr verschiedenes Aussehen zeigen, sie kann röthlich, bläulich, gelblich, bleich oder streifig erscheinen, mit Knötchen, Pusteln, und Geschwüren besetzt und selbst aufgetrieben, auch durchgefressen sein. Vor der Pustel- und Geschwürbildung ist eine Infiltration der Schleimhaut, eine specifische Entzündung, und darauf eine Auflockerung des Unterschleimhautgewebes erfolgt. In der Schleimhaut erscheinen dann der Länge nach verlaufend, verhärtete Linien, erkrankte Lymphgefässe, die durch ihre Lymphe und deren Niederschläge ausgedehnt und die man theils bis zu den Kinnbacksdrüsen verfolgen kann.

In vielen Fällen ist die Nasenschleimhaut bis in die Nebenhöhlen der Nase mit Rotzmaterie überzogen. In den Windungen der Nasenmuscheln, den Zellen des Siebbeins, den Stirn- und Kieferhöhlen sammelt sich oft eine eiweissartige, klare Flüssigkeit, die sich später zu einer safrangelben, consistenteren Masse umändert. Nicht selten ist die Nasenschleimhaut aufgedunsen, verdickt, mit Knötchen und Geschwüren besetzt, zuerst noch rauh und fest, später erweicht und faulig, dann übelriechend, besonders wenn die Nasenmuscheln, dütenförmige Beine und andere Theile aufgetrieben und cariös geworden sind. Unter der zerstörten Nasenschleimhaut bildet sich eine plastische Ausschwitzung, als wenn ein diphtheritischer Schleimhautentzündungs-Prozess stattgefunden hätte. Nach Gerlach liefert die rotzige Entzündung ein Exsudat, das sehr deletär ist, sehr bald zerfällt und das Gewebe wie ein Aetzmittel zerstört, die rotzige Entzündung ist eine maligne Diphteritis; s. Erster Jahresbericht der Königlichen Thierarzneischule zu Hannover S. 110.

Die Schleimhaut beider Luftsäcke fand Carsten Harms wie übersäet mit linsengrossen, über die Schleimhaut-Oberfläche frei hervorragenden Knoten, die mit Flimmcylindern bedeckt und spindelförmige Zellen und Bindegewebfibrillen enthielten; s. Mag. für Tierheilkunde 37, 5. S. 265.

Die Rotzgeschwüre, die aus Knötchen entstanden, zeigen sich nebst diesen, wenn sie vorhanden sind, gewöhnlich und am häufigsten an der Nasenschamwand, doch auch zuweilen an den Nasenmuscheln, in der Rachenhöhle, am Kehlkopf, am Gaumensegel, in den Eustachischen Röhren und in den Luftröhren selbst mitunter bis in die Lunge, in der die Miliartuberkel gewöhnlich auftreten.

Die seröse Haut, die zu einer krankhaften Thätigkeit umgeändert und an dem Rotzprozess theilnahm, hat besonders in der Brusthöhle, theils auch in der Bauchhöhle und Gehirnhöhle eine Wassersucht zur Folge. Die mehr oder minder grosse Menge der ausgeschiedenen trüben, gelblichen oder heller grünschillernden Flüssigkeit enthält meist schwimmend eine gelblichweisse festere Masse, plastische Lymphe, die aus der Flüssigkeit niedergeschlagen, oder von der serösen Haut, die sie fadenförmig gestaltet oder mehr schichtenweise ausgebreitet, bedeckt, hervorgewachsen ist.

Auf der Pleura fand J. K. Benkert sandartige Erhabenheiten; s. Vix Zeitschrift für Thierheilkunde 15, 3. S. 244.

Gerlach sah die Pleura am untern Drittel beider Lungen verdickt und mit kleinen perlförmigen Knötchen versehen, ganz wie bei der anhebenden Perlsucht der Rinder, in den Lungen Rotzschwielen und Knoten; s. Erster Jahresbericht der Königlichen Thierarzneischule zu Hannover S. 104.

Nach demselben hatte in einem Falle die Lungenpleura ihren Glanz verloren, war an einzelnen begrenzten Stellen organisch verdickt und mit rothen Vegetationen, d. h. mit lockeren bindegewebigen, gefässreichen Fäden besetzt; s. Zweiter Jahresbericht der Königlichen Thierarznei-Schule zu Hannover S 83.

An der Vorderfläche des Zwerchfells sind mitunter weissliche Tupfen.

Gurlt zählt zu dem constanten Sections-Ergebnisse bei der Rotzkrankheit auch das Vorkommen von sulzigen Ablagerungen in den Adergeflechten des grossen Gehirns; s. Nachtrag zur pathologischen Anatomie zu § 273.

Naczynski fand in den gelblichen Infiltrationen der Adergeflechte der Hirnhöhlen ebenfalls wie in anderen Theilen Macroconidien, Schlauchfrüchte, Pilzgebilde; s. Mag. für Thierheilkunde 38, 4. S. 203.

Der zuweilen im Gehirn, im Adergeflecht der Seitenkammern vorkommende seröse, gelatinöse Erguss kommt bei mehreren Krankheiten vor.

Hering fand bei einem rotzkranken Pferde in dem linken Lappen des grossen Gehirns einen eigrossen Abscess; s. Specielle Pathologie Erste Hälfte S. 81.

Im Rückenmarkscanal ist mitunter eine Wasseransammlung vorgefunden, besonders bei Pferden, bei denen lähmungsartige Zufälle wahrgenommen wurden, oder welche doch sehr abgemattet und fühllos waren.

Die Nerven rotz- und wurmkranker Pferde scheinen keine Structurveränderung erlitten zu haben und in ihrer Bewegung und Empfindung hervorrufenden Thätigkeit kaum gestört zu sein, wenn nicht die krankhaft ausgeschiedene Flüssigkeit durch Contractwirkung oder Druck die Leitungsfähigkeit mehr oder weniger hindert

Hausmann junior glaubte, dass der Sitz oder Ursprung des Rotzes im Nervensystem sei; s. Mag. für Thierheilkunde 5, 1. S. 119.

Das Blut rotz- und wurmkranker Pferde erleidet im Verlauf der Krankheit eine geringere und grössere Veränderung, neigt sich leicht zu Zersetzung und zu krankhafter Ausscheidung und gerinnt aber auch theils dann im lebenden Körper unter besonderen Bedingungen, besonders wenn eiterige, putride Stoffe in das Blut aufgenommen waren; in einigen Blutadern und im Herzen werden dann bei der Section nicht selten Blutgerinsel angetroffen.

Die Lunge, in der die Blutmasse geläutert wird, ist vermittelst ihres lockeren schwammigen Gewebes ein bequemer Ablagerungsplatz und Absonderungsorgan, in welcher die Ausscheidung fremdartiger Stoffe aus dem Blute am häufigsten stattfindet.

Bei einigen rotzkranken Pferden ist die Lunge mitunter so unmerklich aufgelockert, dass man keine bemerkenswerthe Veränderung an ihr wahrnehmen kann, und obgleich sie gesund erscheint, enthielt ihr Ausathmungsdunst doch schon den Ansteckungsstoff.

Eine allmähliche seröse Ausscheidung und eine dadurch bewirkte Auflockerung und krankhafte Absonderung kann in der Lunge ohne Tuberkelbildung vor sich gehen. Eine mehr stürmische Ausscheidung bedingt anfangs der Krankheit gewöhnlich eine mehr serösblutige Infiltration.

Geschah gleich beim Ausbruch der Rotzkrankheit die krankhafte Ausscheidung nach der Lunge unter Fieberschauer, so findet man, wenn man in diesem Zustand die betreffenden Pferde tödtet, in der anscheinend normalen und noch grösstentheils knisternden Lunge, schon an einzelnen oberflächlichen Stellen derselben kleinere oder grössere blutige Infiltration. Diese unter der serösen Haut bläulich durchscheinenden Blutunterlaufungen, wie Petechien, Ecchymosen, Sugillationen, haben theils kaum einige Linien im Durchmesser, können auch handbreit und in einer grössern Ausdehnung vorkommen und dann, wie die Lobularentzündungen, tiefer in das Lungengewebe eindringen. Nach Entfernung der serösen Haut zeigen die blutunterlaufenen Stellen ein dunkelrothes Ansehen, lassen sich leicht zerdrücken, sind mehr gleichartig roth, oder zeigen schon in der Mitte einzelne bläulichgraue oder weissliche, kaum stecknadelkopfgrosse Punkte, die noch einige Zeit mit einer rothen Einfassung umgeben bleiben. Diese Anfangspunkte der Miliartuberkeln, die sich durch Ablagerung oder Ausscheidung der ausgetretenen Flüssigkeit nach und nach vergrössern, sind in einem Zellgewebs- oder Lungenbläschen eingeschlossen, oder in einer eigenen Pseudomembran, um die das Lungengewebe etwas verdichtet ist. Diese Knoten

liegen in einem erkrankten und in keinem gesunden Lungengewebe, mögen sie auch mitunter anfänglich einen gefüllten Gefässkranz und ein eigenes Blutgefässchen, das sich später ver-
lieren soll, zeigen. Die mehr in der Mitte dieser Infiltration
früher oder später sich zeigende käsige Masse mag zerfallen,
wird aber gewöhnlich nicht wieder aufgesogen, wohl aber das
sie umgebende Blut. Die einzelnen weissen, weissgrauen oder
gelblichen oder hellbräunlichen käseartigen Kerne werden nach
und nach durch baldige Niederschläge mehr fest und bilden
dann hirsekorn-, linsen- bis erbsengrosse Knötchen, Miliartuberkeln, Rotztuberkeln, die in einem festen faserigen Balg eingeschlossen sind, sich scharf anfühlen, beim Durchschneiden knistern
und eine grauweisse Schnittfläche zeigen. Diese Knötchen,
die Leblanc *Granulations pulmonaires*, Lungengranulationen nennt,
bestehen nicht aus homogenen Massen, sondern aus concen-
trischen Lagen, deren Mittelpunkt eine Höhle ist und eine Substanz von sehr verschiedener Konsistenz enthält, bleiben in
einer gewissen Menge, können aber im Verlauf der Krankheit
durch erneuerte Ausscheidung an Zahl zunehmen, sind in einzelnen Fällen zu hunderten in Knoten vereinigt, gewöhnlicher
aber in grösserer Menge unter der serösen Haut zerstreut, so
dass sich die Lunge, besonders oben und an dem Rand, beim
Ueberstreichen mit den Fingern, uneben wie eine Reibe anfühlt.
Diese Knoten kommen aber auch vereinzelt und von verschiedener
Grösse in dem Lungengewebe vor. War ein einseitiger Nasenausfluss und eine einseitige Ganaschendrüsenanschwellung vorhanden, so sind die Tuberkel meist in dem correspondirenden
Lungenflügel, doch werden sie auch im anderen Lungenflügel
gefunden.

Die Miliartuberkeln sind die gewöhnlichsten und fast con-
stantesten Begleiter der Rotzkrankheit respective verdächtigen
Druse, auch in den Lungen wurmkranker Pferde werden sie
nicht selten angetroffen, sogar mitunter selbst bei anscheinend
gesunden Pferden, die keinen Nasenausfluss zeigten, aber doch
während des Lebens andere Pferde ansteckten. Die verkalkten
Tuberkeln sind zwar nicht im Stande, die Ansteckung zu be-

wirken, wohl aber der mit dem Ansteckungsstoff geschwängerte Lungendunst.

In Folge der Impfung von Rotz- und Wurmgift sollen, nach M. Leblanc, sich Tuberkelmassen in einem Zeitraum von neun Tagen, doch auch in einer kürzeren oder längeren Zeit bilden. Hausmann hat schon nach drei Tagen, nach der Inoculation, rothe Flecke und ein Lymphextravasat gefunden; s. Magazin für Thierheilkunde 5, 1. S. 120.

In der Regel mögen die Tuberkeln erst später eintreten; bei acuter Entwickelung sah sie Gerlach in einem Falle acht Tage, in einem zweiten drei Wochen nach der Infection; s. Erster Jahresbericht der Königl. Thierarzneischule zu Hannover S. 88.

Die Lunge rotzkranker Pferde, sobald in derselben eine Infiltration einer blutigen oder mehr serös-lymphatisch-sulzigen Flüssigkeit stattgefunden hat, erscheint mehr oder weniger aufgedunsen und lässt sich schwerer zusammendrücken. Die vorderen Lungenlappen sind oft mehr angegriffen als die Lungenflügel. Hat die Krankheit längere Zeit gedauert, so sind die Miliartuberkeln meist verhärtet, dann erscheint auch zuweilen die Lunge weissblass, welk, wie zusammengefallen und atrophisch.

Die ovalrunden, fast gelblichen, grauweiss gefärbten, aus kalkigen Schichten bestehenden Tuberkeln, scheinen selbst in ziemlich grosser Menge eine beinahe nur mechanische Rückwirkung auf den Organismus auszuüben; da sie den Krankheitsprozess nicht beschleunigen helfen, wenn nicht neue Tuberkelmassen ausgeschieden werden.

Die verkalkten Tuberkeln von ihrer Erstehung bis zur völligen Verkalkung und Stationairbleibung können Monate, selbst Jahre lang in der Lunge vorhanden sein; s. Vix Zeitschrift für Thierheilkunde 16, 3. S. 273.

Mecke sah ein Pferd, das durch ein rotzkrankes angesteckt wurde. Das angesteckte Pferd heilte von selbst, war nach zwei Jahren von Nasenausfluss und Drüsenanschwellung frei. 7 Jahre nach der Infection starb es in Folge einer Verstopfungskolik. In den Lungen war eine Menge fester stecknadelkopfgrosse Tuberkeln, die theils mit einem schwarzen Pigment umgeben waren;

s. Veterinair-Bericht des Königlichen Rheinischen Medicinal-Collegiums 1844.

Die verkalkten Tuberkeln bestehen grösstentheils aus kohlensaurem und phorphorsaurem Kalk. Die nicht verkalkten Lungentuberkeln enthalten, mikroskopisch betrachtet, Rotzzellen wie die Knötchen der Nasenschleimhaut nebst ihren Geschwüren, so auch die Wurmbeulen und die Knötchen in den Ganaschendrüsen. Nach Erdt finden sich auch Schimmelpilze in den Tuberkeln; s. Rotzdyskrasie S. 289.

Bei einer copiösen blutigen Infiltration wird die Lunge leicht mit Blut überfüllt, oder das ergossene Blut mit den darin suspendirten fremdartigen Stoffen, wird zu einer gelblich weissen oder gelblich grauen Masse zersetzt und wirkt gleich zerstörend auf die Lunge und das Blut zurück, oder die ergossene Flüssigkeit giebt Veranlassung zur Bildung grösserer Tuberkeln, die speckig, schmutzig, gelbröthlich oder orangengelb, den acuten Abscessen ähnlich, doch ohne Eiterkügelchen, aber meist mit einer purulenten Materie angefüllt, die früher oder später entleert in die Blutmasse übergeführt, um so eher zur Zersetzung und Auflösung mit beiträgt.

Becker fand bei einem rotzkranken Pferde, ausser unzähligen Miliartuberkeln, im vorderen Lappen der linken Lunge einen harten speckartigen Knoten mit einer eiterähnlichen zähen Flüssigkeit. Die Schleimhäute der Nasenhöhle zeigten sich frei von Nasengeschwüren; s. Mittheilungen aus der thierärztlichen Praxis 16, S. 20.

Carsten Harms fand einige von den grösseren Knoten, die in der Mitte zerfallen, eine gelbgraue, speckige Kapsel und einen schmierigen, käsigen Inhalt zeigten; s. Mag. für Thierheilkunde 37, 5. S. 264.

Gerlach nennt eine grössere Art der Lungenknoten, Rotzgewächse, die taubenei- bis gänseeigross und grösser, wobei zuweilen der Lungenrand in eine schwielige Masse verwandelt ist. Diese Rotzgewächse sind bald mehr derb, ähnlich den fibroiden Neubildungen, bald gleichen sie mehr den rundzelligen Sarkomen;

sie sind grau, graugelblich von Farbe und auf der Schnittfläche speckig.

Die mikroskopischen Bestandtheile sind wesentlich dieselben wie in den kleinen Knoten — die weicheren, den markigen Sarkomen ähnlichen, bestehen vorzugsweise aus Rundzellen, die derberen mehr fibroiden Rotzgewächse hingegen haben mehr spindelförmige Zellen und eine stellenweise faserige feste Interzellularsubstanz, in der die Rundzellen nur spärlich eingelagert sind; s. Erster Jahresbericht der Königlichen Thierarzneischule zu Hannover 1868. Vergl. Zweiter Jahresbericht 1869; S. 82 und 84.

Nach Hausmann junior findet man in einzelnen Fällen keine Tuberkel, sondern einen Theil der Lunge in eine harte skirrhöse Masse verwandelt, in welcher an einigen Stellen kohlensaurer Kalk abgesetzt ist; s. Magazin für Thierheilkunde 5, 1. S. 120.

Erdt nennt eine Krankheit „carcinomatösen" Rotz, Krebsrotz, bei dem starke venöse Blutungen durch Nase und Maul stattfinden. In der Lunge sind Krebsgeschwüre von bedeutendem Umfange, die hart skirrhös, auf der Schnittfläche graubräunlich glänzend und grobzellig. Auf den Schleimhäuten der Bronchien und Luftröhrenästen sollen sich dann leicht blutende spongiöse Wucherungen, Markschwamm vorfinden; s. die Rotzdyskrasie von Erdt 1863. 316—318.

Gerlach fand in den Arterien beider Lungen eines rotzkranken Pferdes Thromben oder Blutpfröpfe, in denen die rothen Blutkörperchen dicht aufeinander geschichtet waren, die aus Spindelzellen, Kernen und Rundzellen bestanden; s. Zweiter Jahresbericht der Königlichen Thierarzneischule zu Hannover 1869. S. 83. 84.

Die Bronchialdrüsen sind bei rotzkranken Pferden gewöhnlich angeschwollen, die einzelnen Drüsenläppchen zum Theil schwärzlich mit einzelnen Miliartuberkeln.

Die Leber ist bei längerer Dauer der Krankheit, namentlich wenn die Lungenverrichtung mehr oder weniger gestört war, vergrössert und nicht selten mit festen Tuberkeln oder mit käsebutterartigen versehen; in andern Fällen mehr gelblich und mürbe. Bei einem seit einigen Monaten rotzkranken Pferde, das zu starke Gaben Jod erhielt und an Kolik starb, war die Leber braungelb, weich, breiartig aufgelöst und der seröse Ueberzug zerrissen.

Die Milz, besonders in der larvirten Form der Rotz- und Wurmkrankheit, ist gewöhnlich hypertrophisch oder durch Ablagerung tuberculöser Massen vergrössert; mitunter ist sie mit Blut überfüllt, aber dann nicht erweicht, sondern mehr fest. Vergl.: Beobachtung einer tuberculösen Milz eines sechs Jahre alten Pferdes, das längere Zeit an Wurm gelitten, zwar geheilt, und später krepirte. S. der Thierarzt von Im-Thurn, 2. Jahrg. Nr. 1. S. 57; vergl. ebenda S. 127. Eggeling und Schütz sahen an der geschwollenen Milz an der äussern Fläche des breiten Endes derselben viele grösstentheils dicht unter der Kapsel gelegene und schwach hervorragende weisse Knoten, die aus zahlreichen kleineren bestehen. Die Kapsel ist in der Nachbarschaft der Knoten geröthet und von ihnen lassen sich zahlreiche mit einer röthlichen Flüssigkeit gefüllte Lymphgefässe gegen die Ränder der Milz verfolgen. Ausserdem sitzen viele weissgefärbte kleinere Knoten inmitten der Milzpulpa; s. Archiv für wissenschaftliche und practische Thierheilkunde. Erster Band, S. 298. Auch bei Menschen, die in Folge der Infection der Rotz- und Wurmmaterie gestorben waren, hat man eine vergrösserte Milz gefunden; so auch fand man in derselben eine weisse, fast talgartige Substanz bei Lymphdrüsenanschwellung, die nicht leicht in Vereiterung und Erweichung übergehen.

Die Gekrösdrüsen sind bei längerer Dauer der Krankheit angeschwollen und mehr oder weniger verhärtet.

Die Bauchspeicheldrüse scheint nicht bemerkenswerth krankhaft verändert zu sein. Bei einem rotzkranken Pferde fanden sich in der Gegend der Bauchspeicheldrüse einige gelatinuswässerige Stellen; s. Walch, Bemerkungen über die Rotzkrankheit, zweite Abth., S. 24.

St. Dizier fand in der Nierengegend ein acht Kilogramm schweres tuberculöses Gebilde, das aus fibrösen Wesen mit Tuberkeln infiltrirt bestand; s. Repertorium der Thierheilkunde 20, 3. S. 225.

Die Nieren sind bei längerer Dauer der Krankheit mit Tuberkeln besetzt, theils aufgetrieben. Im Nierenbecken findet sich auch dann eine eiterartige Materie. Der Urin, der in der Blase zurückgeblieben, ist schleimig gallertartig, verliert sich nicht so leicht im Sand, als das dünnflüssige Blut.

Die Maulschleimhaut wird nur bei längerer Dauer der Krankheit blass gefunden. Am Gaumensegel und am Gaumen sah Galy Geschwüre, a. a. O. p. 158.

Der Magen solcher Pferde, die eine Zeit lang schlecht frassen und ernährt wurden, ist klein und zusammengezogen. Der Daukanal, der eine sauer reagirende Flüssigkeit absondert, scheint sich nicht für den Rotzprozess zu eignen. Nur dann, wenn ein typhöses Fieber sich der Rotzkrankheit zugesellt, scheint eine krankhafte Infiltration nach dem Dankanal stattzufinden. Im acuten Rotz wurde die Darmschleimhaut aufgelockert, infundirt gefunden; s. Hering, Repertorium 6, 2 u. a. Bei zwei Pferden fand man den Zwölffingerdarm aufgelockert und geröthet; s. Archiv schweizerischer Thierärzte. Neue Folge 6, 1. S. 30. Goutaux fand bei einem rotzkranken Pferde die Schleimhaut des Dünndarms ganz überzogen mit kleinen Geschwüren, welche den Rotzgeschwüren ähnlich waren; s. Repertorium der Thierheilkunde 21, 2. S. 131.

Bei Menschen bot nach Bayer (*De la morve et du farcin chez l'homme*, Paris 1837, pag. 106) keine eigenthümlichen und constanten Veränderungen am Daucanal dar. Alexander hat rothe Flecke auf der Schleimhaut des Schlundes, des Magens und Darms gefunden; so ähnlich Williams, Elliason, Graves.

Diagnose.

Die Diagnose, die unterscheidende Erkennung einer Krankheit nach ihren wesentlichen Merkmalen, Eigenthümlichkeiten und sonstigen krankhaften Veränderungen von einer ihr ähnlichen leicht verwechselbaren Krankheit, um sich bei der Beurtheilung vor Verwechselungen zu hüten. Hier gilt es besonders, die Rotz- und Wurmkrankheit an sich und die ihr ähnlichen Krankheitszustände zu beachten.

a) Eigenthümliche und zufällige Symptome oder Merkmale der Rotz- und Wurmkrankheit.

Zeigt sich ein anhaltender, zäher, auch wohl zweifarbiger und meist einseitiger Nasenausfluss, eine bleibende, harte, nicht in Eiter übergehende Ganaschendrüsenanschwellung, finden sich an der Nasenhaut Knötchen und vertiefte Geschwüre, sind auf der äusseren Haut Lymphgefässanschwellungen nebst Beulen und Geschwüren wahrzunehmen oder werden nach dem Tode in den Lungen Miliartuberkeln, Rotztuberkeln gefunden, dann ist die Erkennung der Rotz- und Wurmkrankheit leicht. Aber das Grundleiden ist nicht immer an ein und dieselbe Vereinigung von bestimmten Krankheitsäusserungen und Veränderungen gebunden, es zeigt sich in verschiedenen Formen, und wenn einzelne Merkmale auch verschwinden, hört die Krankheit nicht auf solche zu sein. Die wesentlichen und zufälligen Zeichen oder Merkmale, die durch die Rotz- und Wurmkrankheit in den verschiedenen Formen bewirkt und nicht immer zu gleicher Zeit wahrgenommen werden, stellen sich oft erst nach und nach ein. Es kommt darauf an, womit ein sich äusserndes Merkmal zunächst zusammenhängt, was es für eine Bedeutung hat, oder ob es entfernt zur Krankheit steht, und wenn es auch mit derselben keinen bestimmten Zusammenhang zu haben scheint, kann es doch eine nöthige Folge derselben sein; wie: periodisches Nasenbluten, blutige oder seröse Infiltrationen, teigige Anschwellungen, Drüsengeschwülste, anhaltender klebriger Nasenausfluss,

Auftreibung einiger Knochen, kurzer, dumpfer Husten mit Athembeschwerden oder Dämpfigkeit, sowie ein Ueberschuss der weissen
Bestandtheile im Blute lassen die Rotz- und Wurmkrankheit
kaum verkennen.

Die oben angegebenen Merkmale, die für charakteristisch
und pathognomisch gehalten, und die zum Erkennen der Krankheit wesentlich beitragen, selbst wenn nur einzelne vorhanden
sind, können aber zuweilen sämmtlich fehlen, oder sie sind von
aussen nicht sichtbar, wie die hoch in der Nase sitzenden Rotzgeschwüre und die Miliartuberkeln in der Lunge.

Der Nasenausfluss ist in einzelnen Formen der Rotz- und
Wurmkrankheit nicht vorhanden, fliesst aber am gewöhnlichsten
aus einem Nasenloch, ist mehr oder weniger zähe, nicht selten
grüngelb, und Einige wollen Schimmelpilze in demselben gefunden haben.

Der Nasenausfluss rotzkranker Pferde wird nach Kersting
(s. hinterlassene Manuscripte, S. 85) von Betrügern dadurch eine
kurze Zeit unterdrückt, dass sie kurz vor dem Verkauf dem
Pferde Salzwasser in die Nase spritzen, wodurch die Pferde
heftig niesen, prusten und die Materie aus den Stirn- und Kinnbackenhöhlen auswerfen. Auch soll es vorgekommen sein, dass
ein Schwamm in die Nasenhöhle eines rotzkranken Pferdes ge-
steckt worden und die Ganaschendrüse an- oder ausgeschnitten ist.

Ein Hinderniss in der Nasenhöhle hat gewöhnlich ein schnaufendes Athemholen zur Folge. Das Schnauben eines rotzigen
Pferdes soll, nach Kersting, eigenthümlich und mehr rauschend
als das Schnauben eines drusigen Pferdes sein.

Nach Gerlach ist bei hartnäckigen Fällen von verdächtiger
Druse eine durch forcirte Anstrengung künstlich erzielte Erkältung ein sicheres Mittel, aus der verzweifelten Lage zu kommen:
s. Jahresbericht der Königl. Thierarzneischule 1868, S. 108.

Der dumpfe Percussionston in der Gegend der Stirn-
und Kinnbackenhöhlen deutet darauf hin, dass die Höhlen mit
Schleim angefüllt sind.

Die hoch in der Nase sitzenden Geschwüre werden mitunter, durch die Beleuchtung der oberen Nasentheile möglichst

bei Sonnenlicht und mit Hülfe eines Spiegels, wahrgenommen. Genügt dies zur Entdeckung der Geschwüre nicht, dann ist die Trepanation der Nasen- und Kiefernhöhlen in Vorschlag gebracht und oft in Anwendung gekommen. Bei der Rotzkrankheit soll sich nach der Trepanation eine auffallend starke Wiederentwickelung der degenerirten Masse, der knotigen Einlagerung der verdickten Schleimhaut einstellen, und selbst die Hautlappen und Wundränder sollen bald ein ähnliches Ergriffensein annehmen. Doch diese Entartung der lospräparirten Hautlappen, sowie die degenerirte oder polypöse Wucherung der Schleimhaut wird bei wirklich rotzkranken Pferden nicht immer wahrgenommen und die Rotzgeschwüre können auch ganz fehlen. Zeigt nun die trepanirte Kiefernhöhle keine krankhaften Veränderungen, so ist man noch nicht berechtigt, ein rotzverdächtiges Pferd für frei von der Rotzkrankheit zu erklären. Die Trepanation hat demnach keinen entscheidenden Werth für die Diagnose. Stahmann warnt vor Anwendung von Fontanellen und Haarseilen, um aus deren Geschwürabsonderung einen Schluss auf den betreffenden Zustand des Thieres zu ziehen; s. Magazin für Thierheilkunde 29, 3. S. 280.

Die Impfung gesunder Pferde mit der abgesonderten Flüssigkeit eines verdächtigen Pferdes ist nicht immer von Erfolg. Die Impfung rotziger Pferde mit ihrem eigenen Nasenausfluss hat in keinem der von Carsten Harms beobachteten Fälle zur Entwickelung von Rotzgeschwüren geführt; s. Mag. für Thierheilk. 37, 5. S. 262. Hat sich irgendwo ein specifischer Entzündungsprozess ausgebildet, so werden ebendadurch die übrigen gleichnamigen Gewebe bis zu einem gewissen Grade gegen seine Ausbildung geschützt, denn das entzündete Organ ist zugleich pathologisches Absonderungsorgan geworden, wohin das Blut die fremdartigen Bestandtheile am leichtesten absetzen kann; s. Ueber chronische und specifische Entzündung von Prof. Dr. Naumann in Bonn, Clarus und Radius Beiträge zur prakt. Heilkunde Band IV, Heft I.

Die Rotztuberkeln in der Lunge sollen anfänglich einen gefüllten Gefässkranz und ein Blutgefässchen zeigen, dabei grauweiss und weich sein, aus kleinen Rundzellen und Kernen bestehen. Der Gefässkranz soll bald verschwinden, der Inhalt wird käsig, trocknet ein; s. Jahresbericht der Königl. Thierarzneischule zu Hannover 1868. S. 88.

Die sogenannten Rotzpilze werden mit blossen Augen nicht wahrgenommen, können aber durch das Mikroskop nicht immer entdeckt werden.

Die Rotzzellen können in den Knoten und Geschwüren, woran man die Rotzkrankheit schon kennt, mikroskopisch wahrgenommen werden. Nach Gerlach ist in den diphtheritischen Rotzgeschwüren, die bei der rotzigen Entzündung, der malignen Diphtheritis nach einer stürmischen Ausscheidung eintreten, keine Spur von Rotzzellen zu erkennen; s. Jahresber. d. Königl. Thierarzneischule zu Hannover 1868. S. 110.

Guy glaubt die Diagnose der Rotzkrankheit durch Percussion und Auscultation feststellen zu können. Das Lungengeräusch, das einem hohlen Knistern nicht unähnlich ist, ist an den Stellen, wo plastische Exsudate und oberflächliche Tuberkeln in der Lunge vorhanden sind, nicht gleichmässig über die ganze Lunge verbreitet. Die Percussion zeigt dann die Resonanz theils örtlich verändert.

Die Percussion an beiden Brustwandungen soll theils einen matten, theils einen dumpfen Ton ergeben.

Durch die Auscultation soll sich eine merkliche Verminderung des Athemgeräusches im oberen Theile der Brusthöhle constatiren. Auch soll das Athemgeräusch an einzelnen Stellen unterdrückt, an andern stärker sein und dann das Athemholen nach einer Anstrengung schneller erfolgen, das Thier husten und das Einathmen länger als das Ausathmen dauern, wobei die Rippen auffallend bewegt werden; s. Repertorium der Thierheilkunde 31, 1. S. 49. Brechweinstein in steigender Gabe mit gleichzeitiger Einreibung einer Scharfsalbe auf den Gesichtsknochen soll einen chronischen Catarrh der Nasenschleimhaut bald beseitigen.

Ist nun das, was man bei der Untersuchung eines rotzverdächtigen Pferdes gefunden hat, nicht klar und nicht deutlich

genug, um die Krankheit bestimmen zu können, so muss die Ana-
mnese, die Rückerinnerung oder die Kenntniss der vorhergehenden
Umstände, die einer Krankheit vorausgegangen sind, zur Erkennung des gegenwärtigen Zustandes mit aushelfen und muss die
Erkenntniss oft erst die nöthige Sicherheit geben. Die anamne-
stischen Zeichen sind Folgen vorhanden gewesener Krankheiten
und Krankheitsursachen, wirkliche Ueberbleibsel und sinnlich
wahrnehmbar, wie Geschwürnarben in der Nasenschleimhaut,
geringer Nasenausfluss, Husten, dämpfiges Athemholen, oder sie
sind ganz vergangen und nur aus den Berichten zu erforschen:
ob das erkrankte Pferd solchen Ursachen ausgesetzt gewesen
ist, welche die Rotz- und Wurmkrankheit hervorzubringen vermögen. Dazu gehört aber als ein ganz anamnestisches Zeichen
die Ansteckung, deren Wirkung oft erst nach einer unbestimm-
ten und längeren Zeit bemerkt wird.

b) Krankheiten und krankhafte Zustände, die mit der Rotz- und Wurmkrankheit verwechselt werden können.

Durch manche Krankheiten, die hinsichtlich ihrer eigenen
Natur und ihrer Entstehung wesentlich verschieden sind, werden
Krankheitserscheinungen und Merkmale hervorgerufen, die, ihrer
Aehnlichkeit wegen, mit denjenigen der Rotz- und Wurmkrankheit nicht selten eine Verwechselung veranlasst haben. Besonders gehören hierher: Nasenausfluss, Nasengeschwüre, Knochenauftreibungen, schnaufendes Athemholen, Ganaschendrüsenanschwellung, Lymphgefässanschwellung, Venenentzündung, Tuberkeln, Beulen, Hautgeschwüre, Einschuss, Oedeme und anderweitige
wässerige Ablagerungen.

Der Nasenausfluss von Schleim ist im normalen Zustande
gewöhnlich nicht vorhanden, da die Schleimhaut bloss befeuchtet
wird. Der Nasenschleimfluss ist nicht selten eine Folge des Catarrh und anderer Leiden. Uebermässige Absonderung von Schleim
ohne wirkliche Entzündung und Verschwärung ist Folge einer er-
höhten Reizbarkeit oder Atonie nach verschiedenen Krankheiten.

Der Nasenausfluss drusenkranker Pferde kommt aus beiden
Nasenlöchern, ist gleich anfangs beträchtlich, schleimig, dicklich,

weisslich, schwimmt im Wasser; klebt zuweilen an den Nasenrändern, trocknet aber nicht zusammenhängend, sondern mehr
stückig und schilferig, fast wie ein trocken gewordener Teig.

Der Nasenausfluss bräunekranker Pferde erfolgt aus beiden
Nasenlöchern, ist nicht selten mit Futterstoffen vermengt, die
des beschwerten Schluckens wegen, wie auch oft das Trinkwasser, wieder durch die äussern Nasenlöcher hervorkommen.

Der Nasenausfluss beim chronischen Catarrh ist gewöhnlich
nicht einseitig und meist ohne Ganaschendrüsenanschwellung.

Die Ansammlung von einer schleimigen Materie in den
Highmors-, Kinnbacken- oder Kiefernhöhlen kann theils die Folge
einer vorhergegangenen Entzündung sein, sie ist aber gewiss in
den meisten Fällen aus der verdichteten Lungenausdünstungs-
materie hervorgegangen. Der meist nicht unhaltend ausfliessende
Schleim riecht nicht selten übel, verursacht ein Rasseln beim
Athmen und verräth, wenn man die afficirte Höhle percutirt,
einen dumpfen Ton.

Catarrh der Sinus, catarrhalische Entzündung in der Schleimhaut der Nase mit Schleimausfluss; s. Magazin für Thierheilkunde 23, 3. S. 257.

Catarrh der Oberkiefern- und Stirnhöhlen mit Rotzknoten in
der Lunge; s. Mitth. aus der thierärztl. Praxis 1873, S. 25;
wie Dominicks Kiefernhöhlenentzündung, s. Mag. für Thierheilk.
28, S. 222; ist die Rotzkrankheit wie Wagenfeld's chronische
Nasenblennorrhoë, s. Wagenfeld's Pathologie 2, S. 38.

Eiterige Ansammlung in der Stirnhöhle mit grünlichem ein-
seitigem Nasenausfluss und einseitiger Anschwellung der Kehlgangsdrüsen beobachtete Roche. Nach Trepanation des Stirn-
beins, Entleerung der Materie und Injection einer Zinklösung
verlor sich nach vierzehn Tagen der Ausfluss; s. Repertorium
der Thierheilkunde 30, 3. S. 241.

Ein rein schleimiger, nicht an den Nasenrändern klebender,
doch mitunter auch jauchig werdender und mit Blut vermischter
Nasenausfluss, und mit schnaubendem, schnarchendem, röcheln-
dem Athemholen deutet auf einen Polypen in der Nasenhöhle

oder auf eine Verengerung dieser durch Auftreibung der betreffenden Knochen.

Ausser Polypen kommen noch andere Gewächse an der Nasenschleimhaut vor. Einen Lipom in der rechten Nasenhöhle eines Pferdes erwähnt Gurlt, s. Nachträge zur pathologischen Anatomie S. 111. Einen Sarcom der Highmorshöhle beschreibt Dammann, s. Magazin für Thierheilkunde 30, S. 1.

Bei einem Pferde mit stinkendem Nasenausfluss aus dem rechten Nasenloche fand man am Ende des Siebbeins eine hühnereigrosse, Eiter enthaltende Geschwulst; s. Repertorium der Thierheilkunde 10, 3. S. 225.

Symptome verdächtiger Druse verursacht durch einen cariösen Zahn meist mit übelriechendem Nasenausfluss s. Magazin für Thierheilkunde 19, 4 S. 437. 12, 2. S. 188. 14, 2. S. 205. Repertorium der Thierheilkunde 18, 1. S. 83. Veterinair polizeiliche Memorabilien von Cohen, Erste Fortsetzung, S. 26 und andere.

Bei einer Zahnfistel sind gewöhnlich die Kiefernknochen aufgetrieben und an dem unteren Rand derselben findet sich dann nicht selten eine kleine eiternde Oeffnung, die bis zu einem Backenzahn reicht.

Knochenauftreibungen an den Nasenbeinen und anderen Gesichtsknochen können mitunter durch äussere Verletzungen, Schlag, Stoss und dergleichen hervorgerufen werden. Der sich darauf einstellende Nasenausfluss ist dann meist schleimig eiterig, nicht zähe, aber meist übelriechend wie bei der sogen. Kiefernhöhlenentzündung, doch meist ohne Drüsenanschwellung.

Verletzungen an der Nasenschleimhaut durch scharfe stachelige Gegenstände, Einritzungen mit den Fingernägeln, sowie Anätzungen und Ulcerationen durch Kantharidien und andere scharfe Stoffe hervorgebracht, lassen sich durch die entzündliche Umgebung erkennen.

Die Geschwüre beim Katarrh haben mehr die Farbe der Schleimhaut und eine blasse rothe Granulation.

Bei der Druse werden auf der Nasenschleimhaut weissliche oder gelblich weissliche Pusteln und daraus entstehende kleine weissliche, flache, leicht heilende Geschwüre mitunter wahrgenommen.

Zuweilen erscheint ein blatterähnlicher Ausschlag in der Nase; kleine Blattern brechen auf, liefern ein trübes Serum, heilen ohne eine Spur zu hinterlassen. Auch werden bei drusenkranken Pferden mitunter Beulen, Abscesse und Stränge der Lymphgefässe wahrgenommen; s. Magazin für Thierheilkunde 32, 1. S. 54.

Bei vier Pferden, die für rotzkrank erklärt waren, sah Heinsius zu Crossen bei einem mehr, bei dem andern weniger, die innere Nasenhaut geröthet und bleifarbig, auf derselben Hirsekörnern ähnliche Knötchen, daneben linsengrosse bis einen halben Silbergroschen grosse Geschwüre, theils mit weissem, theils mit weisslichem Grunde, aufgeworfenen und nicht aufgeworfenen, zackigen und nicht zackigen Rändern. Die Schleimhaut war nicht aufgelockert. Die Ganaschendrüsenanschwellungen waren nicht gerundet, mehr traubenartig. Bei einigen Pferden floss aus einem, bei andern aus beiden Nasenlöchern eine wässerige Flüssigkeit, die nicht an den Nasenlöchern anklebte. Kurzathmigkeit und Husten wurden nicht bemerkt. Die erkrankten Pferde wurden strenge von den übrigen abgesondert. Unter einer angemessenen Pflege besserte sich der Zustand und die Pferde wurden wieder gesund; s. Archiv schweizerischer Thierärzte 7, 2. S. 112. Auszug aus dem Sanitäts-Bericht für die Provinz Brandenburg 1832.

Ein Pferd mit Geschwüren auf der Nasenschleimhaut wurde für rotzig erklärt, doch mit einer einfachen Höllenstein-Auflösung behandelt und hergestellt; s. Magazin der Thierheilkunde 29, 3. S. 263.

Dacob beobachtete einen Phlyktänen-Ausschlag, dem Rotze gleichend, kleine Knötchen mit einem rothen Ring, dabei gelblicher eiteriger Nasenausfluss und Kehlgangsdrüsenanschwellung; s. Repertorium der Thierheilkunde 10, 3. S. 211.

Sewell fand bei einigen influenzkranken Pferden die Nasenschleimhaut entzündet, mit Petechien und kleinen Geschwüren besetzt, ähnlich denen des acuten Rotzes, und die Stirn-, Kinnbacken- und Siebbeinhöhlen, wie beim chronischen Rotz, Geschwülste und kleine Abscesse, wie beim anfangenden Wurm; s. *A Treatise on the Influenza of Horses. Bey William Charles Spooner*. London 1837, S. 35.

Diphtheritis der Luftwege mit Petechien auf der Nasenschleimhaut, übelriechender Ausfluss, Ganaschendrüsenanschwellung, Oedeme aller Schenkel; s. Magazin für Thierheilkunde 36, 1. 183. Vergl. 37, 5. S. 270, ist wahrscheinlich acuter Rotz gewesen. Vergl. Mag. für Thierheilkunde 37, 5. S. 270.

Bei herrschender Maul- und Klauenseuche sind auch Pusteln auf der Nasenschleimhaut der Pferde wahrgenommen; s. Herings specielle Pathologie, Erste Hälfte S. 90.

Die Blatterdruse mit einer vesiculösen Eruption an den Lippen und der Nasenschleimhaut mit Anschwellung der Unterzungendruse kann leicht zum Verdacht des Rotzes Veranlassung geben. Die Hitzblattern entstehen meist plötzlich über den ganzen Körper und sind an keine besondere Form gebunden; ähnlich die schmerzhaften Insectenstiche. Bei den grösseren Räudebeulen empfinden die Pferde ein starkes Jucken.

Die zuweilen haselnussgrossen Beulen, die bei einigen jungen drusenkranken Pferden an verschiedenen Stellen unter der Haut zum Vorschein kommen, bilden, wenn sie aufbrechen, flache Geschwüre, die einen dicklichen milden Eiter absondern und bald heilen.

Zuweilen liegen zu beiden Seiten des Rumpfes an der Oberfläche erbsengrosse auch grössere Knötchen, die nicht aufbrechen.

Die am Rande der Lippen besonders der Oberlippe vorkommenden Knötchen brechen auf, geben wenig Eiter und heilen von selbst.

An den Lippen und Füssen erscheinen zuweilen kleine Knötchen, welche eine lymphatische Flüssigkeit absondern und bald heilen, wenn sie ganz randige Geschwüre gebildet haben, auch zeigen sich ziegelrothe Flecken, die in Geschwüre übergehen; Repertorium der Thierheilkunde 6, 2. S. 108.

Räber sah bei mehreren Pferden an den Geschlechtstheilen und besonders an den Lippen verschiedene grosse, harte und schmerzhafte Beulen, die bei den meisten Pferden in ungefähr acht Tagen

aufbrechen. Er nannte die Krankheit den gutartigen oder den sog.
fliegenden Wurm: einige der Pferde sollen aber rotzkrank geworden sein, s. Archiv schweizerischer Thierärzte. Neue Folge 1,
1. S. 1.

Bei einigen Menschen, die an chronischem Schnupfen litten
und an andern Krankheiten starben, fand man die Nasenschleimhaut verdickt und geschwürig, und die Nasenknochen, mitunter
auch die Gesichtsknochen aufgetrieben; s. medicinisch-chirurgische
Zeitschrift, 4. April 1836.

Die Drusenanschwellung drusenkranker Pferde ist mit dem
umgebenden Zellgewebe entzündet, ausgebreitet, zertheilt sich,
geht aber meist in Eiterung über. Die nach der Druse mitunter
zurückbleibende verhärtete Drüsenanschwellung ist meist breitlich
und glatt, liegt lose unter der Haut und gewöhnlich an beiden
Seiten.

Walch sah bei einem vierzehnjährigen Kohlfuchs-Wallach
zwei wallnussgrosse, harte und sehr scharf begrenzte Knoten
hinter den Ganaschen, deren einer fest sass, deren anderer sehr
beweglich war. Diese Knoten sollen seit sechs Jahren von derselben Beschaffenheit gewesen und nach einer vorhergegangenen
Druse zurückgeblieben sein; s. Walch's Bemerkungen über die
Rotzkrankheit, 2. Abtheilung S. 34.

Die Lymphgefässentzündungen, die durch Aufsaugung eines
nicht ansteckenden aber reizenden Stoffes, oder die durch äussere
Verletzungen und nach Anstrengung entstehen, wenn auch dabei
die betreffenden Drusen entzündlich ergriffen sind, gehen gewöhnlich nicht in Geschwürbildung über, oder es bilden sich
kleine flache Geschwüre, die auch bald heilen. Diese Lymphgefässanschwellungen vertheilen sich meist, verhärten sich aber auch
zuweilen.

Die im Magazin für Thierheilkunde 10, 2. angeführten Fälle
von Lymphgefässentzündungen sind als Folgen der Wurmkrankheit anzusehen. Ebenso die Lymphgefässanschwellungen bei der
sogenannten bösartigen Beschälkrankheit, bei der sich aber ausser
den Veränderungen und Geschwüren an den Geschlechtstheilen
noch Lähmungen einiger Körpertheile hinzugesellen.

Hypertrophie der Lymphdrüsen bei einem Beschäler; s. Mittheilungen aus der thierärztlichen Praxis 1844, S. 102. Vergl. Magazin für Thierheilkunde 39, S. 464.

Pyämie ist die Veränderung, welche das Blut durch Eiter erleidet. Typhämie ist die Veränderung des Blutes durch putride thierische Stoffe. Beide Zustände können für sich bestehen, sich aber auch der Rotz- und Wurmkrankheit zugesellen.

Der Umstand, dass auch faulige Stoffe bei Pferden einen krankhaften Zustand hervorbringen, welcher der Rotzkrankheit ähnlich, hat Einige, so auch Delafond (De la morve des solipedes etc. Paris, Nr. 60), zu der Ansicht verleitet, dass die bei Menschen nach Ansteckung durch Rotzgift erzeugte Krankheit derjenigen gleich sei, die überhaupt nach Infection fauliger Stoffe, bei Sectionen u. s. w. sich ausbilden. Nach Bayer (De la morve et du farcin chez l'homme, Paris 1837 S. 107), soll bei Menschen nach Resorbtion von Eiter und Inoculation fauliger Stoffe kein Nasenausfluss und kein Ausschlag an der Nase und der Haut entstehen, welches aber der acuten Rotzkrankheit eigenthümlich sei.

Die Aufnahme fauliger thierischer Stoffe, thierischer Gifte, Leichengift und dergleichen, verursacht eine typhusartige Krankheit, bei der sehr häufig Venenentzündung, auch Lymphgefässentzündung, sowie diffuse Zellgewebsentzündung, Eiteransammlung und ein Absterben des Zellgewebes, wahrgenommen wird.

Die bösartige oder brandige Druse, oft in Verbindung mit der brandigen Bräune gleichzeitig vorkommend, verläuft zuweilen unter ähnlichen Erscheinungen wie diejenigen des acuten Rotzes, doch ohne Wurmbeulen, und zeigt diffuse Zellgewebsentzündungen; flache, ausgebreitete, diphtheritische Geschwüre, mit der Absonderung einer zerstörend wirkenden Flüssigkeit, die auch mitunter schon vor der Geschwürbildung vom Unterhautzellgewebe aus die äussere Haut abstösst, aber doch nicht wie beim acuten Rotz ganz auflöst.

Die ausfallende Mauke besteht zunächst in Haut- und Zellgewebsentzündung an den Füssen bis zu einer gewissen Höhe; von den ergriffenen Stellen fallen bald brandartig gewordene Hautstücke ab. Die von der Haut entblösste grössere oder kleinere

Fläche ist anfangs mit einer jauchigen Lymphe oder mit einem grauen, klebrigen, übelriechenden Serum bedeckt, es stellt sich aber bald früher bald später eine Granulationsbildung und eine gutartige Eiterung ein, die geschwürige Stelle neigt sich dann zur Heilung, wenn nicht tiefer liegende Theile, Sehnen, Bänder und Knochen mit ergriffen wurden.

Wasserwurm nennt Percival eine äussere Wassersucht, eine wassersüchtige Fussanschwellung, die nach einer Zellgewebsentzündung entstanden sein soll; s. Repertorium der Thierheilkunde 5, 4. S. 359.

Fettknoten in der Lunge und Milz fand Krag bei einem Pferde, das an Athemnoth gelitten hatte; s. Repertorium der Thierheilkunde 21, 1. S. 75.

Tuberkeln, Knoten oder knötige Gebilde sind von verschiedener Art und Grösse, die der Rotzkrankheit eigenen Tuberkel und Knoten, die anfangs einen Gefässkranz, ein Blutgefässchen haben sollen, sind sonst der Form nach kaum verschieden.

Die der Rotz- und Wurmkrankheit nicht angehörigen fibrösen Tuberkeln, sind ebenfalls theils hirsekorngross, Miliartuberkeln, theils erbsengross und grösser, bestehen aus dichtem Zellgewebe, reichlichen Zellen, die fettig zerfallen. Nach Gurlt enthält die erweichte Tuberkelmasse statt der Eiterkügelchen kleine unregelmässige Körnchen, mitunter unvollkommene Zellen und eine formlose durchsichtige Substanz: s. Nachtrag zur pathologischen Anatomie § 21.

Die Tuberkeln schwindsüchtiger Pferde, die meist in grösserer Knotenform und nicht sehr häufig angetroffen werden, sind anfänglich weisslich, etwas ins Bläuliche scheinend. Diese Art fibröser Tuberkeln werden aber häufiger als bei Pferden bei Rindern, Schweinen, Affen und Menschen in den Lungen angetroffen.

Die an Lungenschwindsucht leidenden Pferde zeigen keine Ganaschendrüsenanschwellung, selbst wenn der Nasenfluss beträchtlich ist, der dann gewöhnlich klumpenweise ausgeworfen wird.

Das Vorkommen der kleineren Tuberkeln, Miliartuberkeln, in den Lungen nicht rotzkranker Pferde, wird von Einigen bezweifelt, von Anderen aber angenommen. Hering sah hie und da Tuberkeln in den Lungen der Pferde, ohne alle Spur von Rotz; s. Repertorium der Thierheilkunde 27, 3. S. 275.

Erbsengrosse Knoten fanden sich in der Lunge eines Pferdes, das an Magenzerreissung gestorben war, und das zwei Monate vorher an Lungenentzündung gelitten hatte.

Bei einem an Influenza gestorbenen Pferde wurden Miliartuberkeln, ohne sonstige Erscheinungen, die auf die Rotzkrankheit hindeuten, vorgefunden.

Bei einem Pferde, das an verschlagener Druse litt und plötzlich starb, fanden sich an dem serösen Ueberzug der Lunge, des Rippenfells und Herzbeutels eine unzählige Masse Knoten, von der Grösse eines Hanfkornes bis zu einer Nuss; s. Repertorium der Thierheilkunde 26, 2. S. 162.

Tuberkulöse Auswüchse am Netz, an beiden Seiten des Zwerchfelles, wie bei perlsüchtigen Kühen, in der Lunge Knoten von verschiedener Grösse mit grützartiger Masse, wurde bei einer neunjährigen, sehr abgemagerten, an Erschöpfung gestorbenen Stute gefunden; s. Repertorium der Thierheilkunde 2, 3. S. 4. Vergl. Mittheilungen aus der thierärztlichen Praxis, 15. Jahrgang S. 101 und 102.

Ein seit mehreren Wochen kränkliches weibliches Schwein hatte an der serösen Haut der Lunge, am Brustfell und am Bauchfell eine Menge weiche Tuberkeln, die denjenigen ähnlich, wie sie bei perlsüchtigen Rindern vorkommen; s. auch Magazin für Thierheilkunde 35, 3. S. 316. Repertorium der Thierheilkunde 30, 1. S. 23. Archiv für wissenschaftliche und praktische Thierheilkunde 1, 1. S. 22. Auch werden in der Lunge der Schweine nicht selten Miliartuberkeln in grosser Menge gefunden, die denjenigen rotzkranker Pferde nicht unähnlich sind; s. auch Magazin der Thierheilkunde 17, 4. S. 346.

Miliartuberkulose bei einem Affen; s. Magazin für Thierheilkunde 38, 2. S. 109. 37, 6. S. 326.

Bei an tuberkulöser Schwindsucht leidenden Menschen sind in der Lunge Miliartuberkeln. So erkrankte Menschen magern leicht ab, rotzkranke Pferde mit Miliartuberkeln in der Lunge behalten nicht selten eine längere Zeit ihre Wohlbeleibtheit.

———

Anlage.

Die Anlage, Disposition, Diathese ist die besondere oder eigenthümliche Beschaffenheit des Organismus, die mindere oder grössere Geneigtheit oder Fähigkeit zur Ausbildung der Krankheit oder anomale Formen des Lebensprozesses zu entwickeln, die vorbereitende Ursache.

Die Anlage erzeugt, wenn die Ursachen das Wesen der Krankheit bedingen, Abänderungen in der Grundform derselben. Es kann vorkommen, dass der Ansteckungsstoff durch eine Reaction im Organismus wieder ausgestossen worden ist, so dass der Ansteckung ausgesetzte Pferde von der Krankheit verschont bleiben. Auch ist es vorgekommen, dass gesunde Pferde längere Zeit mit rotzigen in einem Stalle gestanden, ohne angesteckt worden zu sein.

Gewöhnlicher aber bringt die krankmachende Ursache, der Ansteckungsstoff, die Krankheit hervor. Der Ausbruch der Rotz- und Wurmkrankheit erfolgt nach der Ansteckung entweder unter starkem Fieberschauer und verläuft schnell, oder es wird kaum eine Aufregung wahrgenommen und die Krankheit verläuft langsam. Auch treten mitunter die ersten Erscheinungen, die sich nach der Ansteckung einstellten, zurück und die Krankheit äussert sich erst später deutlich, oder es tritt mitunter eine Selbstheilung ein, selbst wenn schon Ulcerationen auf der Nasenschleimhaut und Ganaschendrüsenanschwellungen bemerkt wurden.

Kommt die Rotzkrankheit nach der ersten Uebertragung des Ansteckungsstoffes nicht zur Entwickelung, so erfolgt dieselbe aber gewiss dann, wenn die krankmachende Ursache wiederholt einwirkt.

Die Anlage zur Rotz- und Wurmkrankheit oder die Empfänglichkeit für das Rotzcontagium ist in jedem Alter bei allen Pferden nebst Eseln und Maulthieren vorhanden, doch auch mehr oder weniger bei Menschen und einigen Thieren, Schafen, Ziegen, Hunden, Katzen, Löwen, weniger beim Schwein, bei dem nach Gerlach die Krankheit an der Impfstelle local blieb und garnicht bei Kühen und Kaninchen, bei denen die Impfung nicht haftete; s. Jahresbericht der Königlichen Thierarzneischule zu Hannover 1868, S. 121. Ercolani sah nach Ansteckung Kaninchen und Mäuse rotzkrank werden; Repertorium der Thierheilkunde 31, 4. S. 348.

Eine von einem rotzkranken Pferde angesteckte Kuh ist in Erdt's Rotzdyskrasie 547 erwähnt. Dass auch Rotz und Wurm auf Rinder übertragen sei, führt Hertwig an; s. Magazin für Thierheilkunde 39. S. 475.

Die erbliche Anlage.

Nicht blos in Gestalt, sondern auch in Beschaffenheit des Stoffes und der Kräfte wird das Junge seinen Erzeugern ähnlich.

Die erbliche Anlage, die von den Eltern ererbten und angeborenen Krankheitskeime bedingen die frühere oder spätere Entwickelung der Krankheit, sie kann sich verspäten, wird sich aber später doch einstellen und gewöhnlich in den verschiedenen Entwickelungsperioden des Organismus ausbrechen.

Die Erblichkeit der Rotz- und Wurmkrankheit beruht aber nicht wie gewöhnliche erbliche Krankheiten auf Schwäche irgend eines Organs, sondern wird wohl mehr durch die Ansteckung des Foetus durch das Blut der Mutter bewirkt.

Im Allgemeinen ist anzunehmen, dass die Rotz- und Wurmkrankheit vom Hengst oder der Stute auf das Junge übergeht, wenn auch wieder entgegengesetzte Beobachtungen gemacht wurden.

Eine Stute, die gesund von einem rotzkranken Hengst belegt, soll vier Jahre nachher, nebst dem Fohlen gesund geblieben sein.

Eine wurmkranke Stute gebar ein gesundes, doch einige Wochen zu früh geborenes Füllen. Das Füllen wurde, nachdem es fast drei Monate gesogen hatte, abgesetzt, es fiel acht Tage darauf in eine heftige Drüsenkrankheit, von der es hergestellt wurde und sich noch acht Jahre nachher gesund zeigte.

Eine rotzkranke Stute gebar ein Fohlen, das selbst nach drei Jahren noch gesund blieb; s. Repertorium der Thierheilkunde 27, 2. 186 aus Dupui's Journal 1826.

Eine rotzige Stute von einem rotzigen Hengst bedeckt, soll ein gesundes Füllen geboren haben, das während fünf Jahren keine Spur von Rotzkrankheit gezeigt hat; s. Vix Zeitschrift 11, 4. S. 439. Magzin für Thierheilkunde 5, 1. S. 121. Vergl. auch Mittheilungen aus der thierärztlichen Praxis, Berlin 1856 S. 142.

Dagegen giebt es viele Beispiele, dass rotzkranke Stuten schon während der Trächtigkeit verwarfen und bald darauf starben, und wenn sie ein Fohlen geboren hatten, sich dies auch bald rotzkrank zeigte und bald starb. Vergl. Vix Zeitschrift für Thierheilkunde 10, 3. S. 241.

Mehrere Stuten wurden von einem rotzkranken Hengst angesteckt, die Fohlen gingen zum Theil an Rotz verloren; s. Mittheilungen aus der thierärztlichen Praxis von Gorlach und Leisering, 3. Jahrg. 1856 S. 6.

M. Sage theilt Folgendes mit: Zwei Füllen waren von einem rotzkranken Hengst erzeugt. Das eine Füllen zeigte nach zwanzig Tagen einen Ausfluss aus beiden Nasenlöchern, von einer weisslichen fadenziehenden Materie, welcher fast zwei Monate dauerte und sich nach der Behandlung verlor, aber angeschwollene Drüsen blieben und zuweilen zeigten sich ödematöse Anschwellungen. Obgleich das Füllen von starken Eltern abstammte, blieb es klein, kümmerlich und hustete fast immer, erreichte das vierte Jahr, wurde zu einem Spottpreis verkauft, wurde einige Zeit darauf wurmig und magerte beträchtlich ab.

Das andere Füllen, obgleich es eine starke Druse hatte, zeigte keinen Ausfluss, aber einen schwachen bleibenden Husten, blieb im Wachsthum zurück, verbuttet, zärtlich, mager, wurde von periodischer Augenentzündung ergriffen, starb, viereinhalb Jahr alt, an Lungenschwindsucht. Bei den Stuten konnte man kein Zeichen der Rotzkrankheit wahrnehmen.

Eine seit einem Jahre rotzkranke Ardenner Stute gebar ein Füllen, das angeschwollene Drüsen hatte und zwei Monate nachher einen weisslichen zähen Nasenausfluss zeigte. Die Schleimhaut war bleich, aber ohne Geschwüre. Dieses Füllen starb im Alter von sieben bis acht Monaten mit allen Charakteren der Lungenschwindsucht.

Eine Stute mit trockenem Husten und beträchtlicher Abmagerung und sich öfter einstellenden Koliken starb an Schwindsucht. Das von ihr geborne Füllen blieb schwach, hustete viel, zeigte Drüsenanschwellung.

Eine schwindsüchtige Stute hatte ein Füllen geboren, das nach vier Monaten wurmig wurde; s. Traite sur la morve chronique etc. par M. Sage. Paris 1838 pag. 30 etc.

Ganze Gestüte sollen untergegangen sein, weil Rotz und Wurm erblich geworden waren, und bei den Pferden zum Vorschein kamen, wenn sie das volljährige Alter erreicht hatten; s. Busch Teutsche Zeitschrift 2, 4. S. 116. Mag. für Thierheilkunde 26, 3. S. 322.

Ursachen.

Die Ursachen, voraussetzenden Bedingungen, unter welchen die Entstehung einer Krankheit wirklich und möglich wird, erregen, sowie ihre Wirkung dem Organismus fühlbar wird, eine Reihe von Thätigkeiten in demselben.

Bei den ansteckenden Krankheiten scheint der Organismus,

zum wenigstens im Anfang der Krankheit, nur das Material, die Nahrung zu dem Contagium abzugeben, das sich mehr selbstständig neuerzeugt, sich vermehrt, zuerst die umgebenen flüssigen Theile und später in Ueberschuss das Blut zu einer krankhaft veränderten Thätigkeit und krankhaften Ausscheidung ansporn t. Aus einer anfangs örtlichen entwickelt sich früher oder später eine allgemeine Krankheit.

Das Contagium wird nur von aussen dem Organismus zugeführt, oder es ist auch unter gewissen Bedingungen die Möglichkeit vorhanden, sich im Innern zu entwickeln.

Die in der Auflösung begriffenen organischen und unorganischen Stoffe, und was sonst in den Ausdünstungen dunstiger Ställe und dumpfiger Gegenden enthalten ist, wirken besonders auf das Blut und die Absonderungsorgane, und bringen zunächst Abspannung und Niedergeschlagenheit hervor. Bei längerer Einwirkung miasmatischer Stoffe sammelt sich das ausgedehnte und verdünnte Blut in Lungen, Leber, Milz und in den Mesenterialdrüsen, verursacht vor dem Beginn der krankhaften Absonderungen, Frösteln, vermehrte Pulse, stöhnendes Athemholen, Nasenbluten, wenn nicht von Seiten des Organismus die krankhaften Stoffe wieder ausgeschieden werden. So wird es möglich, dass dieselben Ursachen Krankheiten hervorrufen, aber bei andern mehr unwirksam vorüberziehen.

Da die Schädlichkeit und Gefährlichkeit der verdorbenen Luft in dumpfigen Gegenden und in manchen Ställen aus der chemischen Umwandlung nicht allein erklärt werden können, hat man angenommen, dass die Luft einen nicht näher gekannten thierischen Stoff, Zoogen, enthalte, s. Handbuch der allgemeinen Pathologie der Hausthiere von G. Joseph Fuchs, Berlin 1843, S. 104, und eine durch solche Luft hervorgebrachte Ansteckung hat man Thierdunst-Infection genannt. So sollen die wie die Keime des Ferments, in der Luft schwebenden mikroskopischen Vibrionen, Mikrozoen und Mikrophyten unter Umständen Krankheiten erzeugen. Thomsen in seinen Jahreszeiten sagt schon: Die Natur ist ganz erfüllt und schwärmt voll Leben. Der böse Sumpf dampft faule Dünste aus, zeugt Gift und Pest. Nach

Lamaire bringt jede Gührung und Fäulniss mikroskopische Geschöpfe hervor, die in die Luft übergehen, die dem lebenden gesunden Körper zugeführt assimilirt oder zerstört werden, im kranken Körper aber die Zersetzung einleiten und die Uebertragung einer Krankheit vermitteln können; s. Repertorium der Thierheilk. 30, 3. S. 230.

Alle die Einflüsse, welche das Blut und die ganze Säftemasse ausdehnen, verdünnen, entarten, verderben und zersetzen, wie dunstige Luft, fauliges Wasser, dumpfig gewordene mit Schimmel besetzte Futterstoffe, rufen leicht typhöse oder faulige Krankheiten hervor und beschleunigen auch gewiss den Ausbruch der Rotz- und Wurmkrankheit bei solchen Pferden, bei denen der Keim zur Ansteckung oder das Rotzcontagium schon vor den angegebenen Ursachen im Körper latent vorhanden war.

Johann Gottlieb Wollstein sagt, es sei sehr irrig, dass man diese Plagen immer von der Ansteckung herleitet, da man die vielen krankmachenden Eindrücke vergisst; s. Wollsteins Bemerkungen über die Entstehung und Verbreitung des Rotzes 1804, S. 9.

Mogford sah die Rotzkrankheit in einem Schiffe und Schrader in dunstigen Ställen entstehen; Magazin für Thierheilkunde 7, 4. S. 448. Diese Beobachtung ist oft gemacht. Erdt beschuldigt die faulen, den Ammoniak bildenden Excremente, Magazin für Thierheilkunde 7, 1. S. 17, und nennt als eine der sichersten und allgemeinsten Ursachen des Rotzes den Genuss der Schimmelpilze und meint, dass bei continuirlicher Aufnahme der Schimmelpilze der Rotz sicher und bestimmt entsteht und dass wir ihn auf diese Weise jederzeit beliebig hervorrufen können; s. Erdt's Rotzdyskrasie S. 417. Auch das Füttern mit Aetzkalk soll die Rotzkrankheit hervorgebracht haben.

Eine mangelhafte Ernährung und langes Hungern mit Anstrengung soll nach Hering eine Schärfe im Blut erzeugen und die Rotzkrankheit hervorgebracht haben.

Die häufigen Erkältungen unterdrücken die Hautausdünstung und können mancherlei Krankheiten hervorrufen, doch auch die schlummernde Rotzkrankheit wecken, oder wie manche behaupten, sie hervorrufen.

Uebermässige Anstrengungen verdünnen und verändern zunächst das Blut und sind durch die dadurch verursachte Aufregung im Stande, die latente Rotzkrankheit leicht zu wecken. Ein ungefähr vierzehn Jahre alter brauner Vollblut-Wallach, der bis dahin gesund erschien, wurde im Februarmonat bei Hagelschauer und stürmischem Wind 1¹/₂ Meile nach D. hin, und nach einem zweistündigen Aufenthalt in einem zugigen Stalle, carriermässig wieder zurückgeritten. Schon am dritten Tage nach dem angestrengten Ritt zeigten sich die ersten Erscheinungen der Rotzkrankheit. Vergl. Kersting's nachgelassene Manuscripte S. 82. Mittheilungen aus der thierärztlichen Praxis 9, S. 26.

Die Entwickelung oder der Uebergang der Rotz- und Wurmkrankheit aus anderen Krankheiten wurde und wird noch theils angenommen, von Andern wieder bezweifelt. Dass es Krankheitsformen giebt, die sich aus andern herausbilden, oder in andere übergehen, lehrt die Erfahrung genugsam, dennoch behalten andere Krankheiten oft ihr Wesen, obgleich sie graduell sich steigern. Die sogenannte verdächtige Druse tritt sehr häufig unter den Erscheinungen eines einfachen Katarrhs auf, dem aber schon die Rotzkrankheit zu Grunde liegt, äusserte sich aber öfters viel später nach und nach, oder mehr plötzlich, namentlich nach einer vorhergegangenen Anstrengung deutlich bemerkbar als völlig ausgebildeter Rotz.

Eine langsam verlaufende Druse mag mit der sogenannten verdächtigen Druse und die bösartige Druse mit dem acuten Rotz und so umgekehrt leicht verwechselt worden sein. Ein Uebergang der eigentlichen Druse in die Rotzkrankheit findet unter den gewöhnlichen Verhältnissen wohl nicht statt. Drusenkranke Pferde können aber durch ein rotzkrankes angesteckt worden. Bayer machte bei einer dreijährigen nicht tragenden Stute die Beobachtung, dass sie nach überstandener, seuchenartiger Druse so viel Milch absonderte, als eine säugende Stute. Bei zunehmender Abmagerung bildete sich der Rotz vollkommen aus; s. Magazin für Thierheilkunde 24, S. 390.

Spinola sieht die Rotzkrankheit für eine Ausgangskrankheit der Influenza an; die Influenza der Pferde 1844 S. 64. 65. 95. Albrecht ist der Meinung, dass die Rotzkrankheit als Metachematismus der Influenza nicht selten vorkommt; s. Mag. für Thierheilkunde 27, 4. S. 474. Einige influenzkranke Pferde sind zuweilen rotzkrank geworden, wo die Ansteckung nicht bestimmt nachgewiesen werden konnte. Doch sind auch die bei drüsen- und influenzkranken Pferden zuweilen vorkommenden Patechien, Beulen, Geschwüre für Merkmale der Rotz- und Wurmkrankheit angesehen. Percival beobachtete bei der Influenza übelriechenden Nasenausfluss und Ganaschendrüsenanschwellungen.

Haxthausen sah im letzten Stadium der Beschälkrankheit, dass sich Rotz und Wurm ausbildete; s. dessen venerische Krankheit der Pferde 1839, S. 20. Latour's Beobachtungen; s. Kuers Jahresbericht 1835, S. 186, Vergleiche auch: der Thierarzt von Im-Thurn 1, 25. S. 106.

Lafosse fand im Verlauf der venerischen Krankheit der Einhufer einen Katarrh der Nasenschleimhaut, Anschwellung der Leisten- und Unterzungendrüsen, wurmähnliche Eruptionen, Verdünnung des Blutes, Verminderung der rothen Blutzellen; s. Repertorium der Thierheilkunde 22, 2. S. 125.

Nach Lassona soll in einem Fall Rotz und Wurm in Folge einer Reizung des Darmkanals stattgefunden haben; s. Repertorium der Thierheilkunde 2, 17. 176.

Andere Krankheiten, die in Rotz übergegangen sein sollen; s. noch Magazin für Thierheilkunde 6, 4. 508. 8, 1, 109. 4, 2. 322.

Die anhaltende Einreibung von Quecksilber, das die Mercurialkrankheit mit Geschwüren hervorruft, soll zur Entstehung der Rotz- und Wurmkrankheit mit beigetragen haben.

Quecksilbersalbe hat die Eigenschaft, die Eiterabsonderung aufzuheben. Ein alter Widerrüstschaden wurde darnach völlig trocken, allein es bildeten sich Hautwurm und acuter Rotz aus; s. Repertorium der Thierheilkunde 2, 1. S. 43.

Die offen eiternden Wunden, Widerrüstschaden, Kronengeschwüre und andere Verletzungen mögen dem Ansteckungsstoff

Gelegenheit bieten, eher zu haften. Doch ohne dass eine Ansteckung nachgewiesen werden kann, sieht man zuweilen von der krankhaften Stelle ausgehend, eine Lymphgefässanschwellung wie einen Wurmstrang gestaltet, ausgehen. Rotz und Wurm mit Widerrüstschaden werden nicht ganz selten angetroffen und bei Stuten, die von rotzkranken Hengsten bedeckt und darauf am Widerrüst gebissen wurden, hat man an diesem Theil später einen Wurmstrang wahrgenommen.

Nach Venenentzündung, Aderlassfistel mit Eiterergiessung entstand Wurm; s. Magazin für Thierheilkunde 6, 4. S. 508.

Nach Youat war ein Esel mit Druseneiter von einem jungen Pferde auf der Nasenschleimhaut eingeimpft; die hierdurch bewirkte Krankheit ging schnell in Rotz über; s. Mag. für Thierheilkunde 4, 2. 392.

In einzelnen Fällen soll Eiter in die Venen infundirt die Rotzkrankheit hervorgerufen haben; s. Archiv schweizerischer Thierärzte. Neue Folge 3, 3. 262. Repertorium der Thierheilkunde 6, 6. 243. 258. 30, 1. 18. 32, 1. S. 10. Erdt will durch Impfung an Pferden mit Scrophelmaterie des Menschen Rotz und Wurm hervorgerufen haben; s. Erdt's Rotzdyskrasie S. 151.

Es wird meist allgemein angenommen, dass Impfungen von Eiter und anderen Flüssigkeiten, welche nicht von rotzigen und wurmigen Thieren kommen, nicht im Stande sind, Rotz oder Wurm hervorzurufen.

Der ins Blut aufgenommene oder in den Venen erzeugte Eiter, sowie die eiterig putriden Stoffe erzeugen Blutzersetzung, Frostschauer, Athembeschwerden, krankhafte Ablagerungen und Anschwellungen, bringen dann aber auch in Verbindung mit dem Contagium Modificationen in dem Gange der erzeugten Krankheit hervor.

Nach Gerlach wurden einem alten Pferde am 1. Juli 200 Gramm käsige Tuberkelmassen aus den Lungen einer Kuh, mit Wasser zu einer milchigen Flüssigkeit zerrieben, und nach drei Wochen dieselbe Quantität in gleicher Weise eingegeben. Krankheitserscheinungen wurden hierauf nicht wahrgenommen.

Ende November wurde das Pferd zu anatomischen Zwecken getödtet. In den Lungen fanden sich viele feste Miliartuberkeln und einzelne erbsengrosse Knoten mit käsigem Inhalt, die Lymphdrüsen überall normal, weitere Veränderungen überhaupt nicht vorhanden. Ob die Knoten in den Lungen als Folge einer Infection anzusehen sind, bleibt fraglich, weil die Lymphdrüsen überall und namentlich auch im Mesenterium gesund waren; s. Archiv für wissenschaftliche und praktische Thierheilkunde 1, 1. S. 16.

Nach Rayer erleidet Eiter, wenn er lange Zeit in den Organen des Körpers verweilt, nach und nach Umgestaltungen, in Folge deren er bisweilen die Charaktere des Tuberkelstoffes annimmt. So sollen die kalkigen Concretionen bei Menschen und Pferden oft lauter Ueberbleibsel einer kleinen Eiterablagerung sein, die von wahren Tuberkelablagerungen unterschieden werden müssen; s. Hufeland's Journal, III. Stück, 1843, S. 109.

Hering hält es für denkbar, dass der Uebergang der Druse in Rotz durch Eiterresorbtion stattfindet, denn man findet in den degenerirten Lymphdrüsen oft kleine Eiterheerde oder Knötchen von vertrocknetem Eiter; s. Repertorium der Thierheilkunde 10, 4. S. 270.

Busch wundert sich sehr, dass man den Rotz für den höchsten bösartigsten Grad der Druse hält, da doch bei andern Thieren unter ähnlichen Erscheinungen kein Rotz entsteht; s. Teutsche Zeitschrift der gesammten Thierheilkunde 1, 1. S. 80.

Bagge in Kopenhagen ist es sehr zweifelhaft vorgekommen, dass der Rotz aus andern Krankheiten entstehen könne. Es scheint ihm viel wahrscheinlicher, dass der Rotz in jenen Fällen schon von Anfang der Krankheit zugegen gewesen sei, aber in so geringem Grade oder so verborgen, dass man ihn nicht diagnosticiren konnte; s. Repertorium der Thierheilkunde 32, 1. S. 25.

Nach Frank in München entsteht der chronische Rotz nie aus andern Leiden; daher die beschuldigten catarrhalischen Schleimflüsse nicht Ursache, sondern nur Folgeleiden der Tuberculose (!?) sind; s. Magazin für Thierheilkunde 34, 4. 405.

Gerlach behauptet: dass eine genuine Entwickelung des Rotzes noch nicht als nachgewiesen zu betrachten ist, dass der Rotz nicht aus Druse, Eiterresorbtion und ähnlichen Krankheiten, sondern bloss durch Ansteckung entstehe. Jahresbericht der Königlichen Thierarzneischule zu Hannover; Erster Bericht S. 115.

Auch noch von Anderen wird behauptet, dass eine andere Ursache bis jetzt noch nicht nachgewiesen ist, und diese eine Ursache soll die Ansteckung sein; s. Mittheilungen aus der thierärztlichen Praxis von C. Müller und F. Roloff, 14. S. 18. Die ansteckenden Krankheiten entstehen aus einem Krankheitssamen, das Contagium, der Ansteckungsstoff, ist das bei einer Krankheit erzeugte Princip, das die Fähigkeit besitzt, auf andere Thiere durch mittelbare oder unmittelbare Berührung dieselbe Krankheit zu erzeugen, fortzupflanzen und zu verbreiten. So ist das Rotzcontagium das Wirkliche, Ursächliche, Erhaltende und Bleibende der Rotzkrankheit; da nun dieselbe sich nicht ohne Contagium ausbilden und auch nicht fortbestehen kann, aber es doch vorgekommen ist, dass Pferde rotz- und wurmkrank geworden sind ohne eine nachgewiesene Ansteckung, so liegt die Vermuthung nahe: dass die Selbstentwickelung oder der Uebergang der Rotz- und Wurmkrankheit, aber nur ursprünglich beim Pferde, doch unter gewissen Umständen und Bedingungen vor sich gehen könne, und vermuthlich dadurch, dass ein von Aussen dem Körper zugeführtes Miasma, oder eine im Organismus freigewordene krankhafte lebensfähige Zelle sich durch einen Generationswechsel im Innern, zu einem Contagium umwandle, sich vermehre, die Krankheit erzeuge und weiter verbreite. Doch ist der Keim zur Rotz- und Wurmkrankheit angeboren und im Körper eine geraume Zeit latent vorhanden, dann kann durch eine krankhafte Aufregung im Blut die Rotz- und Wurmkrankheit plötzlich zum Ausbruch kommen, ohne dass von Aussen eine Ansteckung geschehen, oder diese doch nicht bestimmt nachgewiesen werden kann.

Die Ansteckung.

Die Ansteckung ist, wenn auch nicht die alleinige, doch häufigste Ursache der Rotz- und Wurmkrankheit, und geschieht durch Impfung, Berührung, Begattung und das Zusammenwohnen, besonders in warmen Ställen.

Der Ansteckungsprozess setzt eine besondere Empfänglichkeit für das Contagium voraus. Die Ansteckung mag um so eher zur Wirkung kommen, je schärfer und reizender die abgesonderte Materie und der Organtheil, auf den diese Materie einwirkt, empfänglich ist. Uebrigens ist das Ansteckungsvermögen gleich anfangs der Krankheit vorhanden, und selbst oft schon dann ehe sich Geschwüre gebildet haben.

Die erste Einwirkung der Impfung oder zufällige Infection mit Rotzmaterie ist zuerst meist örtlich. An der Infectionsstelle vermehrt sich der Ansteckungsstoff, verbreitet sich nach und nach weiter, inficirt das umgebende Zellgewebe und die Lymphgefässe, dringt bis ins Blut, veranlasst dies zu einer kranken Ausscheidung und zu einer allgemeinen Krankheit. Nach der erfolgten Ansteckung, ungefähr am sechsten Tag, doch mitunter schon früher, auch nicht selten viel später, stellt sich meist eine Gegenwirkung, eine mehr oder weniger starke fieberhafte Aufregung ein, der eine krankhafte Ausscheidung folgt, welche wieder nach der geimpften und dabei verwundeten Stelle oder auch gleich mehr nach der Lunge erfolgt.

Nach dem Beschälen, wenn dabei keine Verletzung der Haut geschah, so auch nach der Ansteckung in Folge des Beisammenwohnens mit rotzkranken Pferden erfolgt der Ausbruch der Krankheit gewöhnlich erst nach einigen Wochen und mitunter noch später. Leyh sah bei einem Pferde, zu einem rotzkranken Pferde gestellt, dass schon nach sechs Tagen der Zusammenstellung die Nasenschleimhaut höher geröthet und schon nach zehn Tagen Ausfluss, worauf sich auch bald deutlich die übrigen Zeichen der Rotzkrankheit einstellten; s. Repertorium der Thierheilkunde, 2, 1. S. 14.

Da eine Rotzinfection nicht nur örtlich, an einer Stelle, son-

dern auch mitunter mehr allgemein stattfindet, da sich dann
unter Umständen besonders in warmen Ställen und nach einer
vorgegangenen Aufregung das Rotzcontagium mit dem Ausathmungsdunst verflüchtigt und von gesunden Pferden eingeathmet,
bei diesen, theils nach der aufgenommenen Menge des Ansteckungsstoffes, theils nach der Empfindlichkeit des inficirten
Pferdes, eine mehr schnell oder langsamer verlaufende Rotzkrankheit erzeugt.

Die Ansteckung wird nicht nur von rotzkranken Pferden,
sondern von anderen rotzkrank gewordenen Thieren und dergleichen Menschen weiter verbreitet.

Auf der unverletzten äusseren Haut ist es Renault gelungen, durch einfache Application des Rotzgiftes Rotz zu propa-
giren; s. Repertorium der Thierheilkunde, 30, 2. S. 143.

Hinsichtlich des Rotzgiftes, wenn es innerlich gegeben
wird, sahen Kersting, Wiborg und Andere keine Ansteckung erfolgen; dahingegen brachte do St. Bell drei Pferden Rotzeiter
mit Mehl vermischt bei und beobachtete, dass das jüngste hiervon nach Verlauf eines Monats, die beiden anderen bald darauf
den Rotz bekamen.

Ansteckungsstoff, Contagium.

Wenngleich das Wesen des Ansteckungsstoffes noch nicht
ergründet ist, so hat man doch die Erscheinungen desselben
mit denen der Gährung, Zeugung und Fortpflanzung verglichen,
auch für ein von Aussen aufgenommenes Miasma angesehen,
das die erste Entwickelungsstufe im Körper durchlaufen hat,
auch für einen mikroskopischen Parasiten, der auf Kosten des
thierischen Gewebes lebt, oder für eine krankmachende ent-
wickelungsfähige Zelle, die in einen gesunden Körper übergeführt wächst und neue ansteckungsfähige Keime hervorbringt.

Das Contagium ist ein specifisches Agens in den virulenten Flüssigkeiten, keine einfache chemische Materie, sondern da es sich durch Wiedererzeugung fortpflanzt, und wenn es auch an unsichtbare oder unkenntliche Formen gebunden, jedenfalls mit einem eigenthümlichen Leben versehen. Fast ähnlich den kleinsten mikroskopischen Geschöpfen, die sich nur aus einer aufgelösten, doch noch Lebenskeime enthaltenen Masse bilden, wohl dem Generationswechsel unterworfen sind, sich aber nicht in einen Organismus anderer Art umbilden. Eine Selbsterzeugung, eine *Generatio aequivoca* findet nicht statt; *Omne vivo ex ovo*, ein Jegliches habe seinen eigenen Samen in sich, 1. Mos. 1, 11. Auch das Contagium hat einen eigenen Samen in sich, es ist selbst ein Same, ein lebensfähiger Keim, ein Keimkorn oder Sporn eines Pilzes, oder doch etwas Aehnliches, geht in einen gesunden Körper übergeführt auf, wächst und bringt neuen Samen.

Liebig hingegen sagt: Alles, was man als Beweise für ein organisches Leben in den Contagien betrachtet, sind Vorstellungen und Bilder, welche die Erscheinung versinnlichen, ohne sie zu erklären; s. Liebig's organische Chemie S. 317.

Gerlach fand bei dem Rotz weder Pflanzen noch Thiere, und die Infectionsfähigkeit unabhängig von den Rotzzellen, in den wasserhellen Tropfen keine Spuren von organischen Formen, auch keine Zellenelemente, und behauptet, dass das Rotzcontagium nicht an den Rotzzellen als solchen haftet, und dass die Beobachtungen für eine chemische Wirkung sprechen sollen; s. Jahresbericht der Königlichen Thierarzneischule zu Hannover. 1868. S. 119. Dahingegen ist nach Naczynski die Ursache des Rotzcontagiums ein mikroskopischer Pilz; s. Magazin für Thierheilkunde, 38,4. S. 200. Von Riovelta wurde im Rotzeiter ein Pilz, *Malleomyces equestris*, entdeckt, s. Repertorium für Thierheilkunde, 32, 1. S. 60. Im Blute wurden von Einigen Schimmelpilze gefunden, so auch in den virulenten Flüssigkeiten, in denen Chaveau feste Körperchen fand. Riovelta hat die Bacterien und Körper im Rotzeiter nur zufällig gefunden; s. Repertorium der Thierheilkunde 30, 1. S. 318, 360. Erdt sagt:

das Contagium (soll wohl heissen die Rotzmaterie, die das Contagium enthält) reagirt allemal scharf alkalisch und hat eine ätzende Eigenschaft, indem es auf die Pferdehaut eingerieben, Schärfe erzeugt; es wird durch die Einwirkung der Säuren zerstört; s. Erdt's Rotzdyskrasie, S. 149. Die Contagion conserviren sich im Stickgase, werden in Sauerstoffgas zerstört.

Das Rotzcontagium, das bei gewöhnlicher Temperatur fix, kann sich bei einer gewissen Wärme in der Hautausdünstungsmaterie, besonders in dem Lungendunst oder in dem Luftstrom, der aus der Lunge kommt, mehr flüchtig zeigen. Es ist aber grösstentheils an die ausgeschiedene krankhafte Flüssigkeit gebunden, haftet nicht bloss in dem Nasenausfluss und in der Geschwürmaterie, sondern auch im Blut, in der Milch, im Urin, im Schweiss, in der Hautausdünstung und im Lungendunst; es bleibt noch in dem gestorbenen Pferde, es wird durch Fäulniss nicht zerstört, erhält sich im geschlossenen Raum und in der Witterung nicht ausgesetzten Stallungen, und selbst nicht völlig ausgetrocknet und wieder aufgeweicht, monate-, auch wohl jahrelang keimfähig und wirksam, kann erst durch eine Wärme von 45 oder 64 bis 67 Grad R. zerstört werden. Man will die Erfahrung gemacht haben, dass Rotzgift sehr lange seine Ansteckungskraft behält, dass durch damit besudelte Geschirrstücke noch nach zwanzig Jahren, in welchen sie nicht gebraucht wurden, bei ihrer Wiederbenutzung Ansteckung erfolgte; s. Lentin's compendiöses Taschenbuch für Thierärzte, 1845, S. 390.

Nächste Ursache.

Die nächste Ursache, die anhaltende Ursache, das Allgemeine, Unbedingte, Absolute, Durchausbeharrliche, was allen einzelnen und veränderlichen Erscheinungen zum Grunde liegt, das Wesen der Krankheit erzeugt, ist das, was nothwendig zu dem

Sein derselben gehört, und was nicht, wie das Zufällige, der Veränderung unterworfen ist.

Das Wesentliche der Rotz- und Wurmkrankheit ist der beharrlich neuerzeugende und andauernd bleibende Ansteckungsstoff. Die Wirkung desselben auf den Organismus ist zunächst eine Abweichung, Umstimmung oder Alteration der anatomischen Elemente und Flüssigkeiten, die eine moleculäre Abänderung erlitten, und eine unregelmässige Aeusserung des allgemeinen Lebens nebst dem Bedürfniss der Ausscheidung fremdartiger Stoffe kund geben. Die krankhafte Ausscheidung oder Ablagerung im Zellgewebe verändert zunächst die Zellen des Zellgewebes und veranlasst eine rotzige Neubildung, Rotzzellenbildung, Granulationszellenbildung mit destructiver Tendenz. Die Folgen hiervon sind wieder: verschiedene Anschwellungen, besonders der Lymphgefässe und Lymphdrüsen, Knoten, Beulen, Geschwüre oder eigenthümlich gebildete Absonderungsorgane, wobei der immer wieder von Neuem erzeugte und vermehrte Ansteckungsstoff die Krankheitsursache abgiebt und die Krankheit erhält, so dass diese, selbst bei den verschiedenen Aeusserungen und Veränderungen, hinsichtlich ihrer Ansteckungsfähigkeit, wesentlich dieselbe bleibt.

Prognose.

Die Prognose, Vorhersagung, Vorausbestimmung oder Andeutung über den Ausgang der Krankheit, kann sich nur auf die genaue Erkenntniss derselben und die darüber gemachte Erfahrung stützen; ob die Krankheit ihrer Natur nach heilbar, oder ob die Heilung ausser dem Bereich der Kunst liegt.

Hat die Krankheit noch nicht lange gedauert, ist sie noch mehr örtlich, ist noch dem Contagium beizukommen und unschädlich zu machen, so kann eine Heilung auch eher möglich sein, als wenn die Krankheit mehr allgemein geworden ist.

Ausser dem Contagium sind es die bei der Rotz- und Wurmkrankheit vorkommenden, bleibenden und nicht kritischen Ausscheidungen und organischen Veränderungen, die sich mehr oder weniger dem bestehenden Missverhältniss des erkrankten Organismus accommodiren, anbequemen oder angewöhnen; das Krankheitsleben ist mit dem organischen eins geworden, der Erhaltungstrieb des Organismus ist mit dem der Krankheit verbunden, gegen das mehr oder weniger hervortretende Missverhältniss entsteht keine Reaction oder diese ist zu schwach und zu unwirksam. Eine kritische Entscheidung der Rotz- und Wurmkrankheit ist nur ausnahmsweise zu erwarten, mehr eine langsame, unbestimmte und meist eine ungünstige. Nach Delafond heilen von hundert rotzkranken Pferden kaum zehn; s. De la morve des solipèdes, par O. Delafond, pag. 4. In Alfort sollen 5 Pferde, die an acuter Rotzkrankheit litten, wieder gesund geworden sein; s. Repertorium der Thierheilkunde 3, 4. S. 345. Der acute Rotz ist eine complicirte Krankheit, bei der krankhafte Zustände vorkommen können, die gegen den Rotzprocess zu wirken vermögen. Zwei verschiedene Krankheitsprocesse können neben einander bestehen. Je ausgebreiteter die krankhafte Ausscheidung, Ablagerungen und beträchtlichen Veränderungen, besonders in den Respirationsorganen, auftreten, desto schneller und unaufhaltsamer wird auch die Säfteentmischung, Auflösung und Entkräftigung vor sich gehen, so dass keine Heilung stattfinden kann. Es ist auch nicht ausser Acht zu lassen: dass die äussern Erscheinungen mitunter so zurücktreten, dass man sie nicht wahrnehmen kann; dabei dauert aber die Krankheit im Innern verborgen fort, kommt dann nach einer kürzeren oder längeren Zeit von Neuem zum Ausbruch, oder es stellen sich wassersüchtige Zustände ein, an denen das Pferd zu Grunde geht. Bei warmer, trockener Luft tritt die Rotz- und Wurmkrankheit scheinbar gutartiger auf, bei nasser und kalter Witterung hingegen übelartiger.

Nach Gerlach kommt verdächtige Druse, die im Sommer

mehr Rückschritte als Fortschritte gemacht hat, im Herbst zur Entscheidung; verdächtige Pferde, deren Zustand sich im Herbste bessert, statt verschlimmert, hören in der Regel auf verdächtig zu sein; s. Erster Jahresbericht der Königlichen Thierarznei-schule zu Hannover, 1868, S. 108.

Der mehr oder minder hochgradige Zustand, das stärkere und schwächere Auftreten und der mehr unregelmässige oder regelmässige Verlauf der Rotz- und Wurmkrankheit sind als einflussreich anzusehen.

Man spricht von einem gutartigen Wurm, doch von einer gutartigen Rotz- und Wurmkrankheit kann keine Rede sein, sie bleibt mehr oder weniger heimtückisch und bösartig, wenn sie auch mitunter in einer anscheinend milden Form auftritt; sie ist aber deswegen immer ansteckend, doch nicht absolut unheilbar, sondern, wie jede andere Krankheit, in einem gewissen Stadium heilbar.

Der Ausgang in Gesundheit lässt sich zwar mit Sicherheit nicht vorher bestimmen, ist aber bei jungen, noch nicht lange und nicht in zu hohem Grad erkrankten Pferden, die frei ath-men, kräftig ausprusten, eine gute Verdauung haben und eine gewisse Munterkeit zeigen, anzunehmen oder doch zu ver-muthen.

Bei einigen Pferden, die der Rotzansteckung ausgesetzt waren, ist der Ansteckungsstoff, ehe er zur Wirkung gekommen, von Seiten des Organismus wieder ausgeschieden, so dass kein Ausbruch der Krankheit erfolgte. Bei einigen andern Pferden kamen nach der Rotzansteckung auf der Nasenschleimhaut In-fectionsgeschwüre zum Vorschein und dennoch erfolgte die Selbstheilung ohne zurückbleibenden Nachtheil für die betref-fenden Pferde. — Ein fünfjähriger Wallach, der zwischen zwei rotzkranken Pferden stand, zeigte linkerseits im Kehlgange eine wallnussgrosse Drüsenanschwellung, keinen Nasenausfluss, doch an der noch meist fleischfarbenen Scheidewand im linken Nasen-loch drei erbsengrosse, flache Geschwüre, mit röthlichem Unter-grund. Vier Wochen nachher war die Drüsenanschwellung ver-schwunden, die Geschwüre waren, ohne Zurücklassung von

Narben, verheilt. Das betreffende Pferd blieb gesund, zeigte nach drei Jahren kein verdächtiges Symptom.

Ueber die Heilung und respective Selbstheilung rotz- und wurmkranker Pferde, s. unten und vergleiche: Mittheilungen aus der thierärztlichen Praxis, 1873. S. 28. 13. Jahrgang S. 16. Magazin für Thierheilkunde, 7, 4. Vix Zeitschrift 10, 3 und andere.

Zu der Heilung rotz- und wurmkranker Pferde gehört oft eine geraume Zeit, selbst mitunter ein bis zwei Jahre, bis die Wiederherstellung erfolgt. Vergleiche auch Kersting's nachgelassene Manuscripte, 1862, S. 101.

Prophylaxis.

Die Prophylaxis, das Vorwachen, die Vorbauung, Abhaltung, Entfernung und Unschädlichmachung der Krankheitsursachen, welche die Krankheit hervorzubringen im Stande sind oder hervorbringen.

Zur Vorbauung gegen die Rotz- und Wurmkrankheit wird die Vermeidung dunstiger Ställe, des verdorbenen dumpfigen Futters und Abhaltung anderer schädlichen Einflüsse empfohlen, besonders aber ist die Beseitigung und Unschädlichmachung des Ansteckungsstoffes nothwendig.

Gesunde Pferde, die von rotzkranken Pferden zeitig genug entfernt werden, bleiben oft gesund; bei zu später Entfernung werden nicht selten sämmtliche Pferde inficirt.

Die an der Rotz- und Wurmkrankheit leidenden Pferde sollen allein gestellt oder gleich getödtet werden.

Die rotzverdächtigen Pferde, d. h. diejenigen, die bei rotzkranken Pferden standen, dürfen nicht neben gesunden stehen und mit diesen nicht zur Arbeit verwendet werden, sie dürfen nicht zu Landfuhren, wenn auch zu Feldarbeiten, benutzt wer-

den; sie sind von Zeit zu Zeit, während acht Wochen und
länger zu untersuchen, bis man von dem Zustand völlig überzeugt, ob die Krankheit offenbar geworden, oder ob die Gesundheit der betreffenden Pferde ausser Zweifel ist. Eine Infectionsstelle, wenn sie zeitig wahrgenommen, ausgeschnitten, ge-
brannt und mit desinficirenden Mitteln abgewaschen wird, heilt
meist ohne dass darauf später die Krankheit zum Ausbruch
kommt.

Zum Abwaschen der Rotzmaterie dienen alle die Mittel, die
den Ansteckungsstoff zu ersetzen vermögen und unwirksam machen,
als verdünnte Schwefel-, Phosphor- und Carbolsäure, Chlorwasser,
Chlornatrium mit zwölf Theilen Wasser verdünnt, Eichenrindenabkochung und andere, Die Carbol- oder Phenylsäure, 2—5 Pro-
zent in Wasser gelöst, zerstört Bacterien, Monaden, Vibrionen
und Schimmelpilze. Ein desinficirendes Pulver besteht aus Gyps
und Phenylsäure.

Alle Gegenstände, die mit rotzkranken Pferden in Berührung
gekommen waren, können mehr oder weniger ansteckend wirken,
sie müssen desinficirt, von Ansteckungsstoff gereinigt werden.
Aus den inficirten Ställen ist der Dung und die obere Schicht
des Fussbodens fortzuschaffen und die gemachte Vertiefung mit
frischer Erde oder Sand wieder auszufüllen. Die Wände sind
abzukratzen und wieder frisch zu übertünchen. Die Holzwände
sind abzureissen und können mit den Holzständern, Bohlen, Dielen,
Krippen, Raufen, Futterschwingen und Wassereimern verbrannt
werden. Zäume, Zügel, Riemen, Sattel, Sielengeschirre sind mit
heisser Aschenlauge abzuwaschen, nach dem Trocknen mit Thran
einzuschmieren. Leinene oder wollene Sachen, Decken, Gurten,
Schabracken, Schürzen, Zeuge und Kleider der Wärter werden in
heisser Lauge gewaschen, ausgespült oder verbrannt. Striegel,
Gebisse, Steigbügel müssen ausgeglüht werden. Auch die Wagen-
deichsel müssen mit Chlorwasser oder heisser Aschenlauge abgewaschen und an der Luft getrocknet werden.

Der gereinigte dicht verschlossene Stall wird vier und zwanzig
Stunden oder einige Tage lang mit Chlor oder anderen desinficirenden Mitteln geräuchert und einige Tage gelüftet.

Zur Chlorräucherung gebraucht man auf zwei Theile Braunstein und drei Theile Kochsalz zwei einhalb Theile Schwefelsäure, dadurch wird das Chlor frei, so auch, wenn man Chlorkalk mit Salzsäure vermischt. Die salpetrigsaure Räucherung
wird aus Salpeter und Schwefelsäure bereitet.

Bei diesen Räucherungen, so auch bei einigen andern chemischen Zersetzungen, als: in Wasser gelöstes Kochsalz in flachen
Schalen hingestellt, hypermangansaures Kali 10 Gramm in einem
Liter Wasser gelöst, so auch durch das Verdampfen von Ter-
penthinöl, wird eine besondere Luftart, erregter oder elektrischer
Sauerstoff, Ozon, frei. Das Ozon soll die Luft in den Ställen
verbessern, die ansteckenden mephitischen und sonstigen krankmachenden Stoffe zerstören.

Als Reinigungsmittel gegen den Ammoniakdunst in Pferde-
ställen dient Gyps ausgestreut, oder in einem Trog mit Säge-
spänen angefüllt, mit fünfzehn Theilen Wasser und einem Theil
Schwefelsäure zugesetzt.

Behandlung.

Die Behandlung, die Sorge für die Heilung und die Art
und Weise, sie auszuführen, das Heilverfahren in Krankheiten,
theils durch diätetische Mittel, theils durch eigene Heilmittel,
muss darauf gerichtet sein, die gestörten Verrichtungen und krankhaften Veränderungen des Organismus in die normale Mischung
und Form wieder herzustellen.

Die Behandlung rotz- und wurmkranker Pferde zum Behuf
einer zu hoffenden Heilung kann nur dann mit irgend einem
guten Erfolge unternommen werden, wenn die Krankheit gleich
bei ihrem Entstehen bemerkt wurde, oder wenn sie noch keine
bedeutende Veränderungen und Zerstörungen im Organismus veranlasst hat, so dass noch ein gewisses geregeltes und theils noch

ein mehr gesetzmässiges Wirken im Lebensprozess wahrgenommen werden kann. Bei jungen Pferden und Fohlen ist die Heilung der Rotz- und Wurmkrankheit noch eher gelungen, als bei älteren Pferden. So auch beim Wurm, wenn derselbe noch nicht von Nasenausfluss und Ganaschendrüsenanschwellungen begleitet wird, oder wenn bei den rotzkranken Pferden der Nasenausfluss mehr weiss und schleimig und noch wenig gelblich oder zweifarbig erscheint, das Athemholen noch ungestört geschieht und nicht schnaubend ist, wenn das Pferd noch gut frisst, gut genährt ist und eine glänzende Haarfarbe hat. In diesem Falle würde es nach Kersting, s. hinterlassene Manuscripte S. 99, nicht vernünftig gehandelt sein, ein solches Pferd todt stechen zu lassen, ohne zuvor zu versuchen, ob nicht die Krankheit durch Heilmittel überwunden werden könne.

Die wahrscheinliche Erwartung eines günstigen Erfolges während der Behandlung rotz- und wurmkrankher Pferde ist freilich oft genug fehlgeschlagen, doch aber mitunter noch da eingetroffen, wo die Hoffnung sich schon in ein Verzagen umwandeln wollte.

Die Zeit, während der ein rotz- und wurmkrankes Pferd geheilt werden kann, lässt sich vorher nicht bestimmen, mehrere Wochen, mehrere Monate, selbst ein bis zwei Jahre können darüber hingehen, ehe ein bestimmtes Resultat über den Ausgang der Krankheit festgestellt werden kann. Die Behandlung selbst erfordert wieder Vorsicht, Mühe, Geduld und Ausdauer, verursacht oft im Verhältniss zu viele Kosten, die zu scheuen sind, oder doch in Anschlag gebracht werden müssen.

a) Diätetische Behandlung.

Die diätetische Behandlung oder die Behandlung ohne Arzeneien durch Nahrung und andere Ersatzmittel und Lebensweise, soll vorbereitend zur Erhaltung dienen, die in Krankheiten verlorenen Kräfte wiederersetzen, und so viel als möglich, die Wiedererlangung der Gesundheit zum Zweck haben.

Die rotz- und wurmkranken Pferde dürfen keinen schädlichen Einflüssen ausgesetzt und ihnen keine übermässige Anstrengung zugemuthet werden, sie müssen in einem reinen luftigen Stall stehen, die Hautausdünstung muss erhalten und die Verdauung unterstützt werden. Unverdorbenes, nahrhaftes Futter, Hafer, gutes Heu, Weizen- oder Gerstenschrot und reines Wasser reichen gewöhnlich zur Erhaltung hin.

Bei eintretenden Verdauungsbeschwerden, mit Neigung zur Verstopfung werden gelinde Purganzen von drastischen Mitteln empfohlen, doch können auf einige Tage rohe Kartoffeln, Mohrrüben, Beete oder rothe Rüben, Runkelrüben nebst dem übrigen Futter gegeben werden. Im Frühjahr, sobald die Butterblume, Taraxacum officinale, zum Vorschein kommt, kann man auch vierzehn Tage bis drei Wochen täglich eine Futterschwinge voll Butterblumen mit einer Handvoll Schöllkraut verfüttern. Mohrrüben einige Wochen gegeben, nach Kersting a. a. O. 104, machten den Ausfluss etwas flüssiger und weniger klebrig.

Die Grünfütterung hält Oger für nachtheilig, für alle Pferde mit wassersüchtigen Anschwellungen, so bei lymphatischen Affectionen, bei chronischen Nasenausflüssen, bei Rotz und Wurm; s. Repertorium der Thierheilkunde 27, 1. S. 70.

Trockenes Futter mag rotz- und wurmkranken Pferden am besten bekommen, doch wird auch der Weidegang empfohlen. Bei dem Fressen von der Erde müssen sich die Pferde bücken und zurückgehaltener Nasenschleim fliesst dadurch eher ab.

Nach Blanc wurden zwei Pferde auf eine mit aromatischen und tonischen Kräutern besetzte Weide gebracht und kehrten nach drei Monaten geheilt zurück.

Ein Landmann liess vom Frühjahr bis zum Herbst vier rotzige Pferde in einer hohen Koppel gehen, worin kein Wasser zum Saufen war, und glaubte, dass die Entziehung des Wassers die Heilung der betreffenden Pferde bewirkt hätte.

Ein wurmkrankes Pferd, das auf einen Wickenacker gebracht wurde, soll nach Blaine, sich selbst überlassen, wieder gesund geworden sein; s. Das Pferd aus dem Englischen von C. Hering 1837, S. 146.

Die Wicke als Grünfutter wirkt stärker als Klee auf die Urinabsonderung, mag wie die Pferdebohnen harntreibend wirken, die in Abkochung als Hausmittel gegen ödematöse Anschwellungen und Wassersuchten angewendet werden.

Einige Hände voll frisches Sedum palustre täglich auf mageres Futter gegeben, soll wohlthätig gewirkt haben; s. Erdt's Rotzdyskrasie S. 596.

Zum Getränk für rotz- und wurmkranke Pferde ist reines Wasser oder Wasser mit Kleie oder Schrot und ein wenig Kochsalz zu benutzen; nach M. Sage, ein dickgemachter Trank mit Gerstenmehl, Weizenkleie, von jedem zwei Liter und zwei Unzen Kochsalz; Gally gab Wasser mit etwas Salzsäure, die den phosphorsauren und kohlensauren Kalk auflösen soll. Besonders empfohlen, wenn man es haben kann, wird die Branntweinsschlämpe, die ausser Wasser einige schleimige und mehlige Theile, Essigsäure, Fuselöl und etwas Weingeist enthält, kann aber, wenn zu sauer geworden, Unverdaulichkeiten und Koliken veranlassen. Den Getränken hat man auch Mittel zugefügt, die den Ansteckungsstoff zersetzen sollen, so eine Abkochung Gerbestoff enthaltender Blätter, Wallnussblätterabkochung und dergleichen. Hypermangansaures Kali, 5 Centigramm auf ein Liter Wasser, so dass täglich 40—50 Centigramm Mangankali verwendet werden. Phenylwasser, 1—100, das einen auffallenden Theergeruch hat, anfangs von den Thieren verschmäht wird, soll anhaltend gebraucht, Verstopfungen hervorbringen. Die ausgeathmete Luft bekommt dadurch einen Theergeruch, so auch der Urin, der vermehrt abgesondert wird.

Die rohe Phenylsäure wird im Tränkwasser von Pferden oft absolut verschmäht; als Zusatz zum Trinkwasser ist die weniger unangenehm riechende crystallisirte Säure vorzuziehen.

Trockenes und warmes Wetter wirkt auf die rotz- und wurmkranken Pferde wohlthätiger, als nasskaltes Wetter, ein trockener Stall ist als Aufenthaltsort für rotzkranke Pferde zu empfehlen.

Die Hautausdünstung wird durch das Striegeln, Frottiren und durch eine leichte Bewegung erhalten.

Eine zu anhaltende und zu starke Bewegung des Körpers ist schwächend und kann namentlich rotzkranken Pferden nicht dienlich sein. Die Lungen derselben sind meist aufgedunsen und schwerer als im Normalzustande, sie können sich dann auch weniger ausdehnen. Das tiefe Einathmen, wie es gegen die Schwindsucht der Menschen, zur Verhütung der tuberculösen Infiltration von Ramadge empfohlen, lässt sich bei rotzkranken Pferden aber mit keinem Vortheil, nur einigermassen ermöglichen, wenn man dieselben im tiefen Wasser zum Schwimmen bringt, sie holen dabei den Athem tief, aber mühsam ein, stossen ihn stark prustend, kurz ausathmend, wieder aus. Wird auch dadurch die Nasenausflussmaterie in ziemlicher Menge ausgeworfen, so verursacht doch das Schwimmen den betreffenden Pferden viele Angst und Beschwerden, bedingt die krankhafte Austretung des Blutes in den Lungen, und macht die Krankheit heftiger und schlimmer auftretend.

Die Ruhe oder das Ruhigstehen nebst einer gelinden Bewegung scheint den rotzkranken Pferden am dienlichsten zu sein.

Während der Observation, in Folge der Ruhe, soll sich bei Pferden die Rotzkrankheit sehr langsam entwickeln, oder selbst in ihren äusseren Erscheinungen wieder vollständig zurückbilden; s. Mittheilungen aus der thierärztlichen Praxis, 13, 18, auch ebenda Jahrgang 1843 und andere.

Ein rotzkrankes Pferd stand, eines Prozesses wegen, ein Jahr im Krankenstall einer Thierarzneischule und wurde während dieser Zeit wieder gesund.

Ein rotzkrankes Pferd stand in einem Kuhstall zwei Jahre, hatte wenig Bewegung, bekam keine Medicin, und die Krankheit verlor sich während der Zeit. Erdt liess ein 18 Jahre altes rotzkrankes Pferd unter die Kühe stellen und mit diesen gleich futtern. Nach $^3/_4$ Jahren wurde es gesund aus dem Stall gezogen und hat noch mehrere Jahre gearbeitet; s. Erdt's Rotzdyskrasie, S. 546.

Eine vier Jahre alte englische Schimmelstute, die im Nov. 1836 neben rotzkranken Pferden stand, zeigte verminderten

Appetit, war beträchtlich abgemagert und hinten aufgeschürzt. Anfang Juni 1833 hatte sich eine gute Fresslust eingestellt, das Pferd besserte sich zusehends, haarte völlig aus, bekam ein glattes Haar und blieb gesund; Arzenei war nicht in Anwendung gekommen.

Die Selbstheilung soll nach Bouley dadurch zu Stande kommen, dass sich die Rotzkrankheit gewissermassen localisirt und sich auf minder bedeutende Stellen und Organe beschränkt und Lunge, Leber, Milz und innere Lymphdrüsen freibleiben; s. Repertorium der Thierheilkunde, 23, 1. S. 32.

Nach Gerlach tritt der Pferderotz beim Menschen nicht bis zur vollen Entwickelung auf; es kommt auch ein Abortivverlauf vor. Bei dem Pferde kommen ebenfalls Fälle vor, wo die Natur siegt und der in der Entwickelung begriffene Rotz ausgeheilt wird: so bei einigen jungen Pferden und bei andern Thiergattungen. Mit der Abnahme der Disposition treten die Abortivformen mehr hervor; s. Jahresbericht der Königlichen Thierarzneischule zu Hannover. Erster Bericht 1868, S. 121.

Arzneiliche Behandlung.

Der gegen die Rotz- und Wurmkrankheit angewendeten und empfohlenen Arzeneien oder Heilmittel ist eine grosse Menge. Einige der Mittel, mit denen in einzelnen Fällen ein gewisser Erfolg erzielt wurde, bewährten sich in andern Fällen wieder nicht, sie kamen zur unrechten Zeit in Anwendung, oder sie waren den Verhältnissen im kranken Körper nicht angemessen. Aber auch Krankheiten derselben Art bieten dennoch verschiedene Erscheinungen und lassen keine gleiche Behandlung zu. Mittel, die Geschwülste auflösen und zertheilen, tragen, besonders innerlich gegeben, bei einer vorhandenen Rotzdyskrasie eher zur Zersetzung und Auflösung als zur Heilung des kranken Organismus bei.

Bei der Behandlung der Rotz- und Wurmkrankheit ist auf das Wesen derselben Rücksicht zu nehmen, und darauf zu achten: dass ein Ansteckungsstoff im Organismus einen Krankheitsprozess veranlasst, der eine anhaltende krankhafte Ausscheidung, specifische Entzündung, Anschwellung, Auflockerung, Knotenbildung, Geschwürbildung und sonstige krankhafte Veränderungen hervorruft, die bei der stetigen Einwirkung der specifisch reizenden Absonderungssäfte nicht verschwinden, oder sich doch immer wieder von Neuem bilden. Die gewöhnlichen Ableitungsmittel, Haarseile, Fontanelle, Laxanzen sind hier nicht genügend, Purganzen nur vorübergehend wirkend, und wie andere herabstimmende Mittel meist schädlich.

Die Arzeneien, die gegen die Rotz- und Wurmkrankheit als wirksam erachtet werden, sollen chemisch oder durch Contactwirkung den Ansteckungsstoff zerstören helfen, oder sie sollen durch die organische Reaction, die sie im kranken Körper hervorbringen, eine specifische Reaction erregen, die Krankheitsstimmung verdrängen, die Umbildung des Wesens bedingen und so zur Heilung der Krankheit beitragen.

Der Ansteckungsstoff, der nur in einer Infectionswunde haftet, lässt sich durch Ausschneiden, Brennen und desinficirende Mittel wohl zerstören oder doch unschädlich machen und entfernen.

Sobald dem Ansteckungsstoff in einer wunden Stelle Zeit gelassen wird, durchdringt er bald, in Folge seiner stetigen Neuerzeugung und Vermehrung, mehr oder weniger den ganzen Organismus, wirkt als eine immerwährende, bleibende Ursache fort, kann durch die gewöhnlichen und neugebildeten Absonderungsorgane nicht mehr völlig ausgeschieden werden, und ist nur durch den Gebrauch, den Organismus meist sehr angreifender, specifischer Mittel in etwas beizukommen.

Ausser dem Ansteckungsstoff sollen auch noch die im Organismus hervorgebrachten krankhaften Veränderungen beseitigt werden. Aber dadurch, dass mitunter die äusseren Merkmale zurücktreten, ist die Krankheit, die den Körper wie ein Parasit die Mutterpflanze aussaugt, am Organismus zehrt und den Verbrauch oft bis zur Erschöpfung steigert, noch nicht verschwunden. Eine geringe Menge Knoten in der Lunge, mögen diese in ihrer Function wenig stören; die Lunge ist aber mehr oder weniger aufgedunsen; findet dabei ein beträchtlicher Nasenausfluss statt, so ist diese krankhafte Ausscheidung, ohne weiteren Nachtheil für den Organismus, nicht so leicht zum Aufhören zu bringen.

Noch früher als die äusseren Merkmale der Rotz- und Wurmkrankheit wahrgenommen werden, kann schon eine krankhafte Ausscheidung in den Lungen stattgefunden haben. Vor der krankhaften Ausscheidung deutet in einzelnen Fällen keine bemerkbare Erscheinung darauf hin; in anderen Fällen ist eine Art Vollblütigkeit vorhanden oder doch zu vermuthen, mit der eine Neigung zur Blutaustretung verbunden, die in den Lungen Ecchimosen, Sugillationen, Lobularentzündungen verursacht, wobei sich nicht selten ein Frostschauer, ein sägetonartiges Ausathmen und Nasenbluten kund giebt.

Das Blut, das allen Organtheilen das Leben giebt, muss auch in der Krankheit für das Wichtigste gehalten werden, durch das gegen die Krankheit eingewirkt werden kann. Bei einem vollblütigen Zustande, mit der Neigung zur Blutaustretung, vermag ein Aderlass, oder Weinsteinrahm mit Bittersalz, unter Umständen eine Erleichterung zu verschaffen.

Die Verminderung der Blutmasse durch einen Aderlass kann Congestionen in etwas zurückhalten, sie ist aber wohl kaum im Stande die dyskratische Beschaffenheit des Blutes zu verbessern.

Gaulet erzählt einen Fall, in welchem ein Pferd mit chronischem Rotz, nachdem es durch Lufteinblasen getödtet werden sollte, einen grossen Blutverlust erlitten, aber sich wieder aufgerafft hatte, ohne Anwendung weiterer Mittel sich erholte und nach zwei Jahren ganz gesund erschien; s. Hering's specielle Pathologie, erste Hälfte, S. 87.

Cosson hielt den Rotz für eine Entzündung der Nasen-

8*

schleimhaut und wandte gegen dieselbe wiederholt allgemeine und örtliche Aderlässe an.

Leblanc machte bei jedem rotzkranken Pferde alle 10 Tage einen Aderlass von drei bis vier Pfund. M. Sage liess alle sechs Tage drei Pfund Blut ab.

Karsting fing die Cur wurmiger Pferde mit einem Aderlass an, liess den Pferden eine mässige Portion Blut ab, wiederholte dies drei- bis viermal im Verlauf von vierzehn Tagen; s. Kersting's nachgelassene Manuscripte, S. 111.

Die congestiven Zustände und nicht bestimmte Tage müssen den Aderlass bestimmen.

Die Eisenpräparate, deren Einfluss auf die Blutmasse nicht zu verkennen ist, finden bei Blutaustretungen und Nasenbluten ihre Anwendung.

Eisenhaltige Mittel mit bitteren Extracten und China wurden in Turin gegen Rotz mit Erfolg angewendet; s. Repertorium der Thierheilkunde, 14, 3. S. 261.

Milchsaures und Chloreisen wandte Porosini gegen Rotz erfolglos an; s. Repertorium der Thierheilkunde, 19, 3. S. 203.

Kohlensaures Eisen in Brod gebacken und gefüttert soll die Tuberkelbildung in den Lungen hemmen.

Eisensalmiak gegen verdächtige Druse; s. Repertorium der Thierheilkunde, 14, 3. S. 261. Salmiak an sich wirkt bei rotzkranken Pferden immer schädlich.

Der blutigen Infiltration oder der krankhaften Ausscheidung blutiger, auch seröser oder wasserheller Flüssigkeit im Zellgewebe folgt zunächst eine Auflockerung der ergriffenen Organtheile, Anschwellung der Lymphgefässe und Lymphdrüsen, die Bildung von Knötchen und die nicht seltene Erscheinung des Nasenausflusses. Ausser den desinficirenden, auch in Form von Räucherungen, haben sich adstringirende, zusammenziehende Mittel in Verbindung mit harntreibenden hier noch am erfolgreichsten gezeigt.

Die Räucherungen von Chlor, salpetriger Säure, sowie von Theer, das auf einen heissen Stein oder auf Glüheisen gegossen, und von einigen anderen Stoffen werden in einem Stalle gemacht, dessen Fenster und Thüren geschlossen sind. Die Räucherungen werden jede für sich oder abwechselnd mehrere Tage hintereinander angewendet; greifen sie die Lunge zu sehr an, so müssen sie einige Tage ausgesetzt werden. Die salpeterigsauren Räucherungen werden meist besser vertragen als die Chlorräucherungen. Sie sollen bei den rotzkranken Pferden bis in die Lunge und von da aus auf das Blut wirken, die in den Nasenhöhlen und Lungen zurückgehaltene Ausflussmaterie fortschaffen und den Ansteckungsstoff im Organismus zersetzen und zerstören helfen.

Leblanc will mehrere rotzkranke Pferde mit Chlorräucherungen 4—5 Mal täglich, und Jodsalbe geheilt haben; s. Mag. für Thierheilkunde, 1, 2. S. 237.

F. K. Lappe, Erfahrungen über die Heilmittel in der Rotzkrankheit der Pferde, fand die salpetrigsauren Dämpfe, sobald die Rotzkrankheit einige Monate gedauert, unwirksam. Busch will die salpetrigsauren, abwechselnd mit salzsauren Räucherungen mit Erfolg angewendet haben; s. Teutsche Zeitschrift für Thierheilkunde, 1, 1. S. 94.

Die Phenylsäure auf heisse Steine gegossen, sind von Vogel zu Einathmungen, bei purulenter Bronchitis, diphtheritischen Processen und so weiter empfohlen; s. Taschenbuch der thierärztlichen Arzeneimittel von Eduard J. Vogel.

Die Essigdämpfe finden bei Nasenbluten und bei einer entzündlichen Reizung der Nasenschleimhaut ihre Anwendung.

Kampferinhalationen als Kaumittel empfiehlt Raspail, wahrscheinlich wegen der antiseptischen Wirkung.

Die Eichenrindenabkochung vermag den Ansteckungsstoff zu zersetzen, eignet sich aber nur zum Verdampfen und Einathmen, wenn auf die betreffende Abkochung wiederholt und öfters kochendes Wasser gegossen wird.

Lymphgefässanschwellungen, täglich dreimal mit Eichenrindenabkochung gewaschen, zertheilen sich darnach.

Eine Abkochung von Eichenrinde oder von Ratanhia, für sich oder mit Chlorkalk vermischt, ist zu Einspritzungen in die geschwürige Nase empfohlen.

Zwei Unzen Eichenrinde mit zwei Pfund Wasser, oder eine Unze China mit einem Pfund Wasser, täglich eingegeben, und so lange bis der Nasenausfluss sich verliert, wurde gegen die Rotzkrankheit wirksam befunden; s. Der erfahrene Kurschmidt, Köln bei Imhoff-Schwarz, 1819.

Bei einem an Rotzkrankheit leidenden Menschen wandte Naumann eine starke Abkochung der Chinarinde, worin der Samen des Wasserfenchels ausgezogen war, auf die Geschwür-flächen mit günstigem Erfolg an; s. Vix Zeitschrift für die gesammte Thierheilkunde, 7, 2. S. 165. Ein anderer wurde durch abführende Mittel, China, Wein u. s. w. geheilt; s. Repertorium der Thierheilkunde, 23, 1. S. 31.

Der Gerbestoff, das Tannin, ist ein Bestandtheil der Eichen-rinde und in vielen anderen Gewächsen in der Rinde und selbst in den Blättern vorhanden, bildet mit thierischem Leim und Eiweiss eine unauflösliche bräunliche Masse, widersteht dem Gift der Pilze und den animalischen Vergiftungen; wird als Breium-schlag, auch innerlich mit Chlorwasser angewendet.

Der zu anhaltende Gebrauch der adstringirenden Mittel ver-härtet und verdickt die Organe, und bringt verminderten Appe-tit, Unverdaulichkeit und Abmagerung hervor.

Die Gerbestoff und Bitterstoff enthaltenden Wallnussblätter wie die grünen Wallnussschalen wirken zusammenziehend, sind bei Lungenblennorrhöe und chronischem Catarrh als Abkochung auf das Futter, oder als Getränk gegeben wirksam befunden. Vergl. auch Mittheilungen aus der thierärztlichen Praxis 1855, S. 144. 1856, S. 111.

Die Gerbestoff und Harz enthaltenden, adstringirend, stär-kend und diuretisch wirkenden Bärentraubenblätter werden für sich oder mit Wachholderbeeren, Angelikawurzel und Senega gegen Blennorrhöen der Luftwege angewendet.

Die Senega wirkt schweiss- und urintreibend, specifisch auf die Luftröhrenäste und gegen Blutandrang, befördert die Abson-derung der Lungen und wird gegen atonische Leiden der Respi-rationsorgane angewendet.

Die Säuren werden von den Pferden im Allgemeinen nicht

gut vertragen. Die säuerlichen Nahrungsmittel und Arzeneien
sollen bei dem Ueberschuss der alkalischen Basen die Umstimmung der Säfte bewirken, sie sind eine Zeitlang nicht über-
mässig gebraucht anwendbar.

Einen starken Appetit nach säuerlichen Speisen beobachtete
Dr. Bartsch zu Waren bei einem rotzkranken Menschen, s.
Jahrb. der in- und ausländischen gesammten Medicin Bd. XXXV
1842, N. 3. S. 301.

Die Essigsäure tödtet, nach Bergeret, die im Eiter enthaltenen Infusorien. Concentrirte Essigsäure lösst den Eiter
auf und lässt nur eine weissliche Trübung, die Kerne, zurück.

Weinessig wird gegen Blutflüsse und gegen Vergiftung
durch Alkalien für dienlich gehalten. Gegen Rotz gab Kersting täglich anderthalb Schoppen Weinessig und vier Wochen
ohne bemerkenswerthe Wirkung, Essig mit Baumöl und Safran
ist ein Volksmittel gegen verdächtige Druse.

Das essigsaure Blei, der Bleizucker wirkt zusammenziehend, entzündungswidrig, reizmildernd, austrocknend, verursacht aber bei längerem Gebrauch Verdauungsbeschwerden,
Koliken, Kreuzlähme, Impotenz und Hodenentzündung. Der
Bleizucker wirkt aber weniger nachtheilig, wenn er mit narko-
tischen Mitteln, Opium, Belladonna, auch mit harntreibenden
Mitteln, Terpentinöl, Theer, geriebenen Meerrettig und dergleichen in Anwendung gebracht wird.

Ein dreieinhalb Jahr alter rotzkranker Wallach mit einem
mehr weissen, stückigen, klebrigen Nasenausfluss, breiten Geschwüren an der Scheidewand des linken Nasenloches, schnau-
fendem Athemholen, beweglosen Ganaschendrüsen-Anschwellungen
an beiden Seiten, zeigte sich gut ernährt und einen kräftigen
Husten. Dieses Pferd erhielt vom Nov. 1836 bis Mai 1837 abwechselnd aussetzend und einige Tage hintereinander, jeden Tag
zwei Pillen, bestehend aus $\frac{1}{2}$ Drachme Bleizucker, 5 Gran
Jodina, 2 Scrupel Opium, Altheewurzelpulver 3 Drachmen und
das nöthige Wasser. Am 1. Juli 1837 wurden Nasenausfluss,
Nasengeschwüre, schnaufendes Athemholen und Ganaschendrüsen-
Anschwellungen nicht mehr wahrgenommen und stellten sich

auch nicht wieder ein, — Sonst wird noch folgende Zusammensetzung empfohlen: zwei Scrupel Bleizucker, drei Drachmen dicken Terpentin, zwei Drachmen Belladonnawurzelpulver, Altheewurzelpulver und das nöthige Wasser zu einer Pille. Vier solcher Pillen werden täglich gegeben, bis der Nasenausfluss nachlässt. Treten Verdauungsbeschwerden ein, dann wird der Bleizucker eine Zeit lang ausgesetzt, und dagegen einige Tage Glaubersalz oder Bittersalz verabreicht.

Nach Georg Franz Eckel in Wien wurde der Bleizucker in Verbindung mit Terpentinöl bei der bedenklichen oder verdächtigen Druse, in einigen Fällen mit gutem, in drei Fällen ohne allen Erfolg angewendet. Bleizucker zu ein Loth täglich, und vierzehn Tage gegeben, hatte weder Bleikolik noch eine andere Wirkung zur Folge; s. Oesterr. Jahrbücher, XVII Band, 1. Stück.

Milchsäure soll den phosphorsauren Kalk der Tuberkeln auflösen.

Saure Milch mit Haferstrohhecksel empfiehlt Erdt; s. Rotzdyskrasie, S. 554.

Buttermilch ist ein Volksmittel gegen die Rotzkrankheit.

Alaunmolken, eine halbe Unze Alaun mit zwei Quart Milch gekocht, und den Käse abgeseihet, tassenweise getrunken, — dienen gegen Verschleimung der Luftröhrenäste, knotige Lungenschwindsucht und gegen Bluthusten.

Alaun mit Cubeben gegen Blennorrhagie, Theer, innerlich und äusserlich angewendet, wird gegen Rotz empfohlen; s. Repertorium der Thierheilkunde 2, 1, S. 34. Vergleiche auch Hertwig's Arzneimittellehre S. 456.

Carbolsäure oder Phenylsäure wirkt zusammenziehend, desinficirend und fäulnisswidrig, soll Pflanzensamen und selbst thierischen Samen zur Befruchtung unfähig machen und Infusorien tödten, unterdrückt in kleinen Mengen die Gährung und zerstört Miasmen und Contagien. Innerlich werden vier bis zwölf Gramm mit bittern aromatischen Mitteln, Weidenrinde, Eisen, in Pillen oder Latwergen empfohlen. Muss zum äusserlichen Gebrauch verdünnt werden.

Gerlach machte bei einem rotzkranken Pferde eine Einspritzung einer einprocentigen wässerigen Lösung der Carbolsäure in die Nase täglich einmal, und gab innerlich vom 6. Juni bis zum 19. October Carbolsäure mit Althee. Die Rotzgeschwüre heilten ohne eine schwielige Narbenbildung und der allgemeine Zustand besserte sich erheblich; s. Zweiter Jahresbericht der Königlichen Thierarzneischule zu Hannover, 1869, S. 89.

Carbolsäure wendete Meyer bei zwei Pferden angeblich mit Erfolg an; s. Mittheilungen aus der thierärztlichen Praxis, 1873, S. 26.

Carbolsäure ist ein Bestandtheil des Steinkohlentheers.

Kreosot ist reichlich im Theer, besonders im Birkentheer und im Ofenruss, wirkt antiseptisch. Eine Drachme mit Wasser verdünnt wird zum Ausspritzen der Nase rotzkranker Pferde empfohlen; s. Repertorium der Thierheilkunde, 9, 2. S. 140.

Ofenruss soll gegen Wurm gute Dienste geleistet haben; s. Hertwig's Arzeneimittellehre, 1840, S. 459.

Zur Desinfection übelriechender Wunden empfiehlt Come und Demeaux 100 Theile feingepulverten Gyps, 1—3 Theile Steinkohlentheer. Diese Masse kann auch mit Baumöl zu einer Salbe verwendet werden; s. Repertorium der Thierheilkunde, 21, 1. S. 12.

Die Mineralsäuren scheinen das Blut gerinnen zu machen und sind daher in passiven Blutungen wirksam. Salzsäure löst die Eiterkügelchen ganz auf, Schwefelsäure coagulirt die Eitermasse.

Verdünnte Salpetersäure mit Wachholderbeerenmuss und Altheewurzelpulver empfahl Naumann.

Schwefelsaures Kupfer, Kupfervitriol, Blaustein, wirkt tonisch adstringirend, anhaltend angewandt nachtheilig. Eine sogenannte Wurmpille besteht aus zwei Drachmen Kupfervitriol, drei Drachmen Brechweinstein und Terpentin soviel als nöthig zu einer Pille.

Ein rotzverdächtiges Pferd mit Drüsenanschwellungen wurde

mit Cuprum sulphuricum in sechs Wochen geheilt; s. Archiv schweizerischer Thierärzte. Neue Folge XI, Heft 3, S. 227.

Stephan gab gegen verdächtige Druse, in drei Gaben vertheilt, sechs Drachmen schwefelsaures Kupfer, eine Drachme mildes salzsaures Quecksilber mit drei Unzen Altheewurzelpulver zur Latwerge gemacht. In drei Wochen konnte das Pferd entlassen werden. Auf das Eingeben erfolgten jedesmal leichte Kolikschmerzen; s. Magazin für Thierheilkunde, 2, S. 141.

Mr. Lord wendete gegen Wurm und Rotz Kupfervitriol mit Jod angeblich mit Erfolg an; s. Repertorium der Thierheilkunde, 4, 2. S. 169. 3, 2. S. 156. 18, 3. S. 291. Vergl. Mittheilungen aus der thierärztlichen Praxis 1859, S. 8.

Hausmann junior gab gegen Rotz anfangs zwei Drachmen blauen Vitriol mit einer Drachme Aloe; s. Magazin für Thierheilkunde 5, 1. S. 122. Ein ähnliches Mittel s. Vix, Zeitschrift 10, 3. S. 261; s. auch die Rotz- und Wurmkrankheit von Versmann 1843, 40. u. s. w. Versmann verordnete zehn Tage lang eine Pille, aus Blaustein, Aloe und grauer Seife, dann eine Aloepille, dann Jodkali zu zwei Drachmen mit Enzian, Altheewurzelpulver und Syrup acht Tage lang, dann sechs Tage ausgesetzt und wiederholt, nebst Chlorräucherungen mit Erfolg.

Kalkwasser mit Milch oder schleimigen Stoffen, oder mit Milch und etwas Rum, wird als Adstringens gegen Catarrhe und Blennorrhöen der Lungen angewendet und ist auch von Chabert gegen Rotz versucht. Chabert gab innerlich Kalkwasser und flüchtiges Ammonium mit auflösenden und Husten stillenden Mitteln.

Chlorkalk bei vereiterter hartnäckiger Druse und bei verjauchenden Lungenknoten ist nach Hertwig's Arzeneimittellehre in vielen Fällen nützlich gewesen.

Chlorsoda zu 1, später 3—4 Unzen in Wasser gelöst, empfiehlt Maroud.

Chlor kann nach Gerlach nicht verwendet werden, weil es in der Veränderung nicht mehr wirkt; seine desinficirende Wirkung kann nur äusserlich in Betracht kommen; s. Erster Jahresbericht der Königlichen Thierarzneischule zu Hannover 1868, S. 130.

Chlorwasser gab Wagenfeld vier Pfund täglich vier Wochen lang ohne Erfolg.

Hertwig hat Chlorwasser bei einem rotzigen und zwei wurmigen Pferden mit günstigem Erfolg angewandt; s. Hertwig's Arzeneimittellehre S. 667.

Chlorsaures Kali, fünf bis zehn Gramm; in einem Liter Wasser täglich angewendet, soll die Geschwüre leicht zum Vernarben bringen; s. Repertorium der Thierheilkunde 18, 1. S. 77.

Fluidozon, eine Auflösung des hypermangansauren Kali, ist violetroth, wirkt auf schlechtbeschaffene Wunden desinficirend.

Kochsalz 4—5 Unzen täglich und sechs Wochen hintereinander soll nach Rö bei einem rotzkranken Pferde die Heilung bewirkt haben.

Braunstein wird gegen bösartige Druse und Hautwurm mit Erfolg angewendet.

Brechweinstein gab Vidal rotzverdächtigen Pferden zu 10 Gramm in Trinkwasser täglich zweimal, Morgens und Abends, erhöhte alle Tage diese Gabe um 2 Gramm und stieg bis zu 20 Gramm, dann verminderte er die tägliche Gabe wieder um 2 Gramm bis zur ursprünglichen Gabe. Auf die Drüsen wurden Einreibungen von Quecksilbersalbe gemacht. Vier rotzverdächtige Pferde auf diese Weise behandelt, genasen; s. Repertorium der Thierheilkunde 27, 1. S. 71.

Jodkali, das die Abmagerung, das Schwinden und Zertheilen harter Geschwülste mehr oder weniger bewirkt, dient meist äusserlich in Salbenform angewendet, kann aber auch unter Umständen innerlich zu einer Drachme mit Altheewurzelpulver zweimal eingegeben werden. M. Sago liess alle 25 Tage das Jodkali aussetzen und wiederholte steigernd die Gabe. Traite sur la morve chronique par M. Sage pag. 48.

Jodkupfer zu einer Unze den Tag oder jeden zweiten Tag wandte Meyer an, verfuhr antiphlogistisch und will dadurch die Heilung des Hautwurms und das Aufhören des Nasenausflusses rotziger Pferde nach mehreren Wochen erreicht haben; s. Repertorium der Thierheilkunde 1, 2. S. 153.

Jodarsenik mit Jodquecksilber versuchte Martemucet gegen Rotz; s. Repertorium der Thierheilkunde 31, 1. S. 67.

Jodtinctur mit einem Aufguss von radix colombo wandte Franke bei einigen rotzkranken Pferden mit Erfolg an.

Bromkali acht Gramm mit zweiunddreissig Gramm Fett wird gegen verhärtete Drüsen empfohlen.

Nach dem Gebrauch von Kalomel verschlimmerte sich gewöhnlich die Rotzkrankheit; s. Lappe's Erfahrungen und Bemerkungen über die Rotzkrankheit, Göttingen 1816, S. 13.

Kalomel mit Spiessglanzmitteln in Verbindung und häufige Räucherungen mit Essigdämpfen wurden angeblich mit Nutzen angewandt; s. Busch Teutsche Zeitschrift für Thierheilkunde 1, 1. S. 83.

Kalomel $\frac{1}{2}$ Quentchen, Aloe sechs Quentchen, Cremor tartari zwei Loth, weisse Seife soviel als nöthig zur Pillenmasse, gab Kersting im Anfang der Rotzcur. Schwefelquecksilber gab Volzi täglich $\frac{1}{2}$ Unze gegen die Rotzkrankheit bis zur Appetitlosigkeit und zum Speichelfluss, so abwechselnd bis zur Heilung.

Schwefelblüthe, Spiessglanzleber, rohes Spiessglanz und mineralischen Kermes empfiehlt Collaine; s. Glücklicher Versuch, den Rotz und Wurm der Pferde zu heilen; übersetzt von Fr. C. G. Gericke 1812.

Arsenik hat eine umstimmende Eigenschaft, bethätigt die Resorbtion, löst die Stockungen in den Drüsen auf und vermehrt die Anlagerung von Ersatzstoffen und soll einen leichten Athem verschaffen.

Das arseniksaure Brechnussextract verursacht Vergiftungssymptome, Schweiss, Steifigkeit der Muskeln, sonst soll es den Ernährungsprozess steigern.

Nach Ercolani und Bassi soll die Heilbarkeit des nicht veralteten Rotzes und Wurmes durch arseniksaures Strychnin theoretisch und praktisch bewiesen sein. In schweren Fällen wurde arseniksaures Strychnin und Chinin gegeben; s. Repertorium der Thierheilkunde 22, 2. S. 149.

Ghiseli heilte von vier rotzkranken Pferden eins vollständig mit arseniksaurem Morphium-Strychnin; s. Repertorium der Thierheilkunde 22, 1. S. 6. Hering heilte zwei rotzkranke Pferde dadurch nicht; s. Repertorium der Thierheilkunde 22, 3. S. 180.

Arsenik acht bis zwölf Gran in steigenden Dosen, Solutio Fowleri täglich eilf, später zwanzig Tropfen auf Brod, ist gegen Wurm empfohlen; so auch arseniksaures Strychnin und Arsenik mit Nux vomica; vergleiche Repertorium der Thierheilkunde 26, 3. S. 198. 216. 22, 2. S. 149. 22, 4. S. 342.

Haubner und Andere sahen nach dem Gebrauch des arseniksauren Strychnin eher Vergiftungen eintreten als einen guten Erfolg; vergl. Repertorium der Thierheilkunde 23, 1. S. 41. 23, 2. S. 121. 22, 3. S. 180. u. a.

Arsenik, Brom, Chlor, Jodquecksilber, Spiessglanz, sowie die alkalischen Salze sind in der Rotzkrankheit mehr nachtheilig als nützlich; s. Herings Repertorium der Thierheilkunde 14, 3. S. 262. Diese Mittel, die grösstentheils gegen verhärtete Lymphgefässe und Lymphdrüsen angewendet werden, mögen erst dann eine vortheilhafte Anwendung finden, wenn die Rotzdiathese erloschen und nur noch Verhärtungen einzelner Organtheile zurückbleiben, um diese zu resorbiren und aufzulösen.

Die urintreibenden Canthariden, spanischen Fliegen, gab Kersting rotzkranken Pferden drei, alle vier Tage eine mehr. Die Pferde setzten häufig Urin ab, wurden immer magerer und bekamen das Auszehrungsfieber, die Rotzkrankheit blieb; s. Kersting's nachgelassene Manuscripte S. 103.

Auch Hering und Andere haben keinen guten Erfolg von den Canthariden gesehen.

Meyschel will von Canthariden zu 15 Gran bis $2\frac{1}{2}$ Drachmen täglich zweimal gegen den Rotz der Pferde einen günstigen Erfolg gehabt haben; s. Archiv schweizerischer Thierärzte, Neue Folge 7, 1. S. 68.

Broad gab täglich zweimal zwei Drachmen Schwefeleisen, acht Gran Canthariden mit Ingwer und Enzian; s. Repertorium der Thierheilkunde 9, 2. S. 146.

Webb gab gegen verdächtige Druse fünf Gran Canthariden, eine Drachme Kupfervitriol mit Ingwer und Enzian täglich.

Vines gab Canthariden, Ingwer, Enzian und Kümmel; s. der Thierarzt von Im-Thurn 1, 11. 47.

Mineralischer Mohr 2 Drachmen, Angelikawurzel 1 Unze, Asa fötida 1 Drachme, Seife so viel als nöthig zu einer Pille; täglich drei solcher Pillen hielt Naumann gegen Wurm sehr wirksam.

Proucet gab Abführungsmittel mit Schierling.

Franzosenholz oder Guajakholz mit Zaunrebenwurzel, Kardobenedicten-Kraut und Schierlingskraut mit Wasser gekocht und als Trank eingegeben; s. Kersting's hinterlassene Manuscripte S. 100. Laffosse der Aeltere gab tägtich rotz- oder wurmkranken Pferden eine Pinte von einem Decoct von Franzosenholz. Kersting gab wurmkranken Pferden Guajakholz, Sassaparillwurzel, Krähenaugen, auch Zaunrübenwurzel, schwarze Nieswurzel, Meisterwurzel u. a.

Das Allermannsharnisch, Radix victorialis, wird als Volksmittel bei Rotz und der verdächtigen Druse angewendet; s. Mittheilungen aus der thierärztlichen Praxis 1855 S. 2.

Nieswurztinctur injicirt soll nach Viborg den zähen Schleim, welcher die Luftröhre ausfüllt, zum Auswerfen bringen; s. Magazin für Thierheilkunde 38, 4. S. 221.

Cariol will sehr starke Aloetinctur des Morgens nüchtern eingegeben und häufige sowie reichliche Tränke von Wachholderdecoct mit Vortheil angewendet haben.

Wasserfenchelsamen ist etwas betäubend, scharf aromatisch, harntreibend, hat sich nach Hertwig bei frisch entstandenem Rotz und Wurm in einigen Fällen heilsam erwiesen; s. Hertwigs Arzeneimittellehre S. 336. Naumann gab Wasserfenchel, isländisches Moos, Schwefelleber mit Fliedersaft zur Latwerge.

Die Pimpinellwurzel wirkt als ein scharf reizendes Mittel auf die Schleimhaut, wird nebst dem Kraut in alten Schriften gegen aufwerfenden Wurm empfohlen; für sich allein auch mit Braunstein und etwas Kochsalz aufs Futter.

Die Sadebaumblätter sind bitter, widrig-aromatisch, befördern die Nierenabsonderung; vier Gramm mit einem Liter Milch abgekocht und nach dem Erkalten eingegeben, sollen sich, wie in andern Verbindungen in der Rotzkrankheit wirksam erwiesen haben.

Stinkasand wird gegen Rotz in Hertwig's Arzeneimittellehre empfohlen.

Fingerhutkraut, Herba digitalis, verursacht bei den Pferden schon in kleinen Gaben einen taumelnden schwankenden Gang, gestörte Fresslust und harnruhrähnliche Zufälle.

Eine rotzkranke, fünf Jahre alte veredelte Schimmelstute zeigte einen einseitigen Nasenausfluss, Nasengeschwüre und eine harte, etwas empfindliche Drüsengeschwulst zwischen den Ganaschen. Sobald sich diese Merkmale zeigten, wurde das betreffende Pferd allein gestellt und in Behandlung genommen. Einreibungen auf die geschwollene Drüse und Räucherungen von Chlor und andern Stoffen kamen nicht in Anwendung, dem Pferde wurde aber Ruhe gegönnt. Ausser einigen harntreibenden Mitteln, Wachholderbeeren, Bärentraubenblättern erhielt das Pferd täglich eine Drachme, zuweilen zwei Drachmen hydriodinsaures Kali, fünf bis sechs Tage hintereinander, dann ungefähr in acht bis vierzehn Tagen garnicht, und so in Zwischenräumen zehn volle Monate hindurch. Nach dieser Zeit wurden Ganaschendrüsenanschwellung und Nasengeschwüre nicht mehr wahrgenommen. Die Nasenschleimhaut hatte ein gesundes Ansehen. Dagegen war noch ein schleimiger, einseitiger Nasenausfluss vorhanden; die Fresslust war nicht merklich gestört und der Husten noch kraftvoll. Dem Pferde wurden jetzt in vier und zwanzig Tagen im Ganzen dreissig Unzen Chlorkalk eingegeben. Nach dieser Zeit hatte sich der Nasenausfluss grösstentheils verloren, nur mitunter fielen einzelne wasserhelle Wassertropfen nach der Bewegung aus der Nase, das Pferd stöhnte aber, wenn es herumtreten sollte, zog beim Athmen die Flanken höher auf, hustete nach dem Druck auf den Kehlkopf ungern und mit schwachem Schall. Es wurde eine Pleuritis und eine bevorstehende Ansammlung von Wasser in der Brusthöhle vermuthet; die Fresslust war aber wenig gestört, doch die Kothballen klein und fest.

Jetzt erhielt das Pferd zwei Tage hintereinander eine Pille bestehend aus zwei Drachmen Fingerhutkraut, einem Scrupel schwefelsaures Chinin, drei Drachmen Alantwurzelpulver, einer Drachme Altheewurzelpulver und Wasser so viel als nöthig. Am folgenden Tag nach dem Eingeben der zweiten Pille frass und soff das Pferd fünf Tage hintereinander garnicht, mochte nicht von der Stelle gehen, stand an der Wand gelehnt, schwankte wenn es herum gehen sollte, setzte eine Menge schmutzig graugefärbten Urin ab, holte sehr ruhig Athem, es konnten kaum sechs Athemzüge in der Minute gezählt werden. Dahingegen schlug der etwas weiche Puls in derselben Zeit gegen achtzigmal, die Herzschläge waren eben so zahlreich als die Pulse und nicht vermindert, wie es nach der Wirkung der Digitalis gewöhnlich sein soll. Nachdem das Pferd ungefähr sechs Tage ohne Fresslust gestanden hatte, stellte sich dieselbe nach einer Eingabe von Doppelsalz und Enzian bald wieder ein. Athemzüge und Pulse wurden wieder normal. Von jetzt an erhielt das Pferd täglich eine Unze Senega zwanzig Tage hintereinander, dann noch ebenso zwölf Tage hintereinander und jeden Tag eine Drachme salzsaures Eisenoxydul. Nun war die Krankheit als bezwungen anzusehen, ein Rückfall stellte sich nach Verlauf von mehreren Jahren nicht wieder ein.

Die Impfung rotzkranker Pferde mit gutartigem Drusenstoff erwähnt Meyer; s. die Kunst ohne alle Anleitung regelmässig zu reiten. Erfurt 1808, S. 40.

Nach Lowack soll ein rotzkrankes Pferd, das einen schwer zu heilenden Widerrüstschaden bekam, nach vier Jahren dauernder Heilung des äusseren Schadens, die Rotzkrankheit verloren haben; s. Magazin für Thierheilkunde 7, 4.

Es ist nicht unmöglich, dass wurmkranke Pferde, denen Haarseile gezogen und Fontanelle gelegt waren, bei sonstiger Behandlung wieder gesund wurden; vergl. Kersting's nachgelassene Manuscripte S. 111. Von solchen Ableitungsmitteln darf man sich, bei dem Vorhandensein der Rotz- und Wurmkrankheit, keinen besonderen Nutzen versprechen. So lange noch die Rotzdyskrasie oder die Neuerzeugung des Anstockungsstoffes fortbesteht, sind auch noch andere äussere Mittel, wie Einreibungen, meist ungenügend wirkend und nutzlos. Das Ausschälen und Brennen der Geschwüre, Beulen und Wurmstränge kann nur mitunter gleich nach der Ansteckung von Nutzen sein, aber dann nicht mehr, wenn die Krankheit völlig ausgebildet ist, die nur durch die Ausscheidung alles Contagiösen zur Heilung gebracht werden kann.

Aus den oben angegebenen Mitteln lässt sich eine genügende Anzahl solcher auswählen, die in der Rotz- und Wurmkrankheit abwechselnd nach den obwaltenden Umständen angewendet und zur Heilung der Krankheit mit beitragen können, aber so lange gebraucht werden müssen, bis man sieht, welchen Ausgang die Krankheit nimmt. Zur Genesung gehört Erlöschen des Krankheitsprocesses, Entfernung seiner Producte, Herstellung der harmonischen Lebensthätigkeit und Fortschreiten der Reproduction. Die mit Arzeneien behandelten rotz- und wurmkranken Pferde sind nach der Heilung nicht selten sehr beträchtlich abgemagert; die Assimilationsorgane haben mehr oder weniger gelitten, und die geheilten Füllen bleiben im Wachsthum zurück. Bei den scheinbar geheilten Pferden, bei denen die äusseren Erscheinungen verschwunden sind, kommt die Krankheit nach einer heftigen Anstrengung, Erkältung und anderen Ursachen, wieder zum Ausbruch. Ist aber der Ansteckungsstoff völlig ausgeschieden, sind die Blutbildungsorgane zur normalen Thätigkeit zurückgeführt, dann ist das Erlöschen der rotzigen und wurmigen Diathese vollständig erfolgt, wenn dann auch Merkmale früherer krankhafter Veränderungen, wie verhärtete Drüsen, verkalkte Tuberkeln und dergleichen zurückblieben.

Aber die völlige Wiederherstellung der rotz- und wurmkranken Pferde, kann man nur dann mit Sicherheit annehmen, wenn die krankhaften Ausscheidungen, Geschwüre und Anschwellungen beseitigt, wenn keine Athembeschwerden, keine Verdauungsstörungen vorhanden, wenn das betreffende Pferd kräftig prusten, brausen und husten kann, wenn es nach Anstrengungen, Erkältungen und dergleichen nicht leicht erkrankt,

und wenn sich nach solchen Einwirkungen ein catarrhalisches
oder anderes Leiden einstellt, darf das aus der Ader abgelassene
und geronnene Blut keinen Ueberschuss an weissen Bestandtheilen haben. Die geheilten Pferde müssen noch eine Zeit, Wochen, selbst Monate lang, gewissermassen als verdächtig angesehen werden, bis man völlig überzeugt ist: dass keine ver-
borgene Krankheit mehr vorhanden ist.

Gewährzeit.

Die Gewährzeit für die Rotzkrankheit (respective Wurm)
ist in den meisten deutschen Staaten verschieden, in einigen
auf vier Wochen und im preussischen Staate auf vierzehn Tage
festgesetzt.

r

Polizeiliche Verordnungen
gegen die Rotzkrankheit (respective Wurm)
nach dem
Gesetz betreffend die Abwehr und Unterdrückung
von Viehseuchen, vom 25. Juni 1875.

§ 4. Das Verfahren zur Ermittelung und Unterdrückung der Seuchenausbrüche — liegt unter oberer Aufsicht des Ministers für die landwirthschaftlichen Angelegenheiten, den Landes-, Kreis- und Ortspolizeibehörden unter Mitwirkung der Deputation für das Veterinairwesen und der beamteten Thierärzte (Bezirks- und Kreisthierärzte) ob.

§ 7. Im Falle der Behinderung der beamteten Thierärzte oder aus sonstigen dringenden Gründen können von den leitenden Behörden oder Beamten andere approbirte Thierärzte als Sachverständige zugezogen werden. —

§ 9. Gebietet den Besitzern von Hausthieren, Wirthschaftern, Thierärzten und Beamten, den Ausbruch einer Seuche und alle verdächtigen Erscheinungen der Ortspolizeibehörde anzuzeigen.

§ .14. In allen Fällen, wo dem beamteten Thierarzte die Feststellung des Krankheitszustandes eines seuchenverdächtigen Thieres obliegt, ist es dem Besitzer desselben unbenommen, auch seinerseits einen approbirten Thierarzt zu diesen Untersuchungen zuzuziehen.

Beschwerden des Besitzers über die von der Ortspolizeibehörde angeordneten Schutzmassregeln haben keine aufschiebbare Wirkung.

Die vorgesetzte Behörde hat jedoch im Falle erheblicher Meinungsverschiedenheit zwischen dem beamteten Thierarzte und dem von dem Besitzer zugezogenen approbirten Thierarzte über den Ausbruch oder Verdacht einer Seuche, oder wenn aus sonstigen Gründen Zweifel über die Richtigkeit der bezüglichen Erhebungen des beamteten Thierarztes obwalten, sofort das Obergutachten des Bezirksthierarztes einzuziehen und dem entsprechend das Verfahren zu regeln.

§ 25. Bestimmt die Unschädlichmachung, Desinfection der inficirten Ställe, Geräthschaften und sonstigen Gegenständen.

§ 34. Sobald der Rotz (Wurm) bei Thieren festgestellt ist, muss die unverzügliche Tödtung polizeilich angeordnet werden.

§ 35. Rotzverdächtige Thiere unterliegen der polizeilichen Beobachtung (Observation) mit den nach Lage des Falles erforderlichen Verkehrs- und Nutzungsbeschränkungen der Absonderung oder der Sperre.

Als rotzverdächtig sind auch diejenigen Pferde und sonstigen Einhufer zu behandeln, welche mit rotzkranken Thieren in Berührung gekommen sind.

§ 36. Die Tödtung rotzverdächtiger Thiere kann von der Landespolizeibehörde angeordnet werden:

wenn von dem beamteten Thierarzte der Ausbruch der Rotzkrankheit auf Grund der vorliegenden Anzeichen für wahrscheinlich erklärt wird, oder:

wenn durch anderweite, den Vorschriften dieses Gesetzes entsprechende Massregeln ein wirksamer Schutz gegen die Seuche nach Lage des Falles nicht erzielt werden kann.

§ 37. Die Kadaver gefallener oder getödteter Thiere müssen unschädlich beseitigt werden. Das Abhäuten derselben ist verboten.

§ 57. Für die auf polizeiliche Anordnung getödteten Thiere wird der gemeine Werth aus der Staatskasse vergütet.

§ 59. Keine Entschädigung aus der Staatskasse wird geleistet:

wenn die auf polizeiliche Anordnung getödteten Thiere mit

der Tollwuth, der Rotzkrankheit oder der Lungenseuche, oder mit einer ihrer Art oder dem Grade nach unheilbaren und unbedingt tödtlichen sonstigen Krankheit behaftet waren.

§ 60. Spricht von der Gewährung einer Entschädigung für die mit der Rotzkrankheit behafteten Pferde.

§ 61. Jeder Anspruch auf Entschädigung fällt weg:

wenn die vorgeschriebene Anzeige wissentlich unterlassen oder sich länger als 24 Stunden verzögert hat.

§ 73. Mit Geldstrafe von 50 bis 150 Mark, oder Haft von 3 bis 6 Wochen wird bestraft:

Wer die Anzeige vom Ausbruch der Seuche unterlässt, oder länger als 24 Stunden nach erhaltener Kenntniss verzögert.

So auch: wer die Kadaver gefallener oder getödteter rotzkranker Pferde abhäutet.